AF474240

DES

DROITS DE LA FILLE

OU DU MARIAGE AVENANT

DANS LA COUTUME DE NORMANDIE

PAR

A. LE POITTEVIN

AGRÉGÉ A LA FACULTÉ DE DROIT DE PARIS

PARIS
L. LAROSE ET FORCEL
Libraires-Éditeurs
22, RUE SOUFFLOT, 22

1889

DES DROITS DE LA FILLE

OU DU MARIAGE AVENANT

DANS LA COUTUME DE NORMANDIE

Extrait de la *Nouvelle Revue historique de droit français et étranger*.

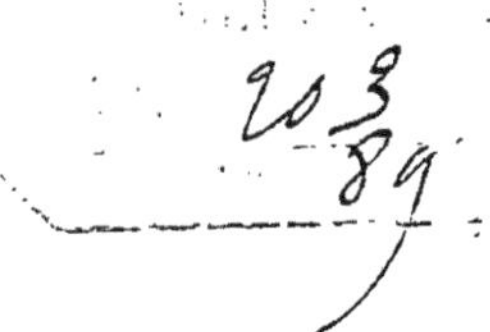

DES

DROITS DE LA FILLE

OU DU MARIAGE AVENANT

DANS LA COUTUME DE NORMANDIE

PAR

A. LE POITTEVIN

AGRÉGÉ A LA FACULTÉ DE DROIT DE PARIS

PARIS

L. LAROSE ET FORCEL

Libraires-Éditeurs

22, RUE SOUFFLOT, 22

1889

IMPRIMERIE
CONTANT-LAGUERRE
LVX VITAM
BAR-LE-DUC

DES DROITS DE LA FILLE

OU DU MARIAGE AVENANT

DANS LA COUTUME DE NORMANDIE (1).

« *Bien de femme ne doit jamais se perdre,* » disait une ancienne maxime, que les normands répètent encore volontiers. Le régime dotal de l'économe et « sage » coutume assurait, contre tout événement, la conservation de la dot; il constituait une véritable anomalie au milieu des provinces coutumières (2).

Mais, autant la coutume de Normandie protège la fortune de l'épouse, autant, à l'inverse, elle est parcimonieuse quand il s'agit de la lui constituer sur l'héritage des parents. Ce bien de femme qui ne doit jamais se perdre, on l'octroie sobrement; car, — c'est un autre axiome, qui n'aurait plus cours aujourd'hui comme le premier, — le patrimoine doit passer aux enfants mâles qui continueront la splendeur, les traditions, le nom de la *maison*, mais *c'est assez faire pour les filles de les marier convenablement* (3).

***

Le principe de la préférence au profit des mâles, en matière de successions, a toujours persisté dans notre province, avec

(1) Rédaction officielle, 1583.

(2) V. Basnage, *Commentaires sur la coutume de Normandie* (édit. de 1709), t. II, p. 402 : parallèle entre la coutume de Normandie, le droit commun coutumier, et le droit écrit. — Cauvet, *Organisation de la famille d'après la coutume de Normandie,* dans *Rev. de législ. et de jurispr.*, 1847, II, p. 150 et s.

(3) La formule est empruntée à d'Argentré : « *Fœminis satisfactum videri debet, si maritis locarentur ex dignitate.* » Mais la pensée est la même chez les auteurs normands. Cp. Basnage, sur art. 248; Bérault, Godefroy et d'Aviron (édit. de 1776), sur art. 248 et 249; Pesnelle et Roupnel de Chenilly (édit. de 1771), sur art. 249. — « La coutume ne donne des droits aux filles que pour aider à les marier. » Hoüard, *Dict. du dr. normand* (édit. 1780-1782), t. IV, p. 234.

une fermeté plus accentuée que dans la plupart des autres; il se rattache sans doute aux anciens usages de la contrée, d'origine germanique ou scandinave (1); il est écrit dans les deux Coutumiers, rédigés pendant les dernières années du XIIe siècle, au début, et à la fin du XIIIe (2); il est encore en pleine vigueur dans la Coutume officielle de 1583, et jusqu'à la Révolution. Les interprètes de la Coutume l'expliquent principalement par l'idée de la perpétuité des familles : « Car en la monarchie il n'y a rien qui maintienne plus l'État que la conservation des familles, et rien qui ruine tant les familles que les partages des filles, par l'exclusion desquelles le nom et les biens sont conservés en la personne des fils (3). »

Aussi, les filles, en présence de fils, ne sont point héritières de leurs père et mère. « De droit commun, les filles sont exclues du partage des successions de leurs ascendants, quand elles ont des frères (4). »

(1) Cp. Cauvet, *Les origines du droit civil dans l'ancienne Normandie*, Caen, 1875, p. 5. Les auteurs normands invoquent volontiers les comparaisons avec la loi salique : Duval-Duhazey, *Traité de l'hérédité des femmes en Normandie*, 1771, p. 23 et s.; *Méthode de liquider le mariage avenant en Normandie*, 1773, p. 3. Cp. Glasson, *Hist. du dr. et des inst. de l'Angleterre*, t. II, p. 96; sur les successions dans les lois germaniques, Fustel de Coulanges, *Recherches sur quelques problèmes d'hist.*, p. 241 et s.; Glasson, *Hist. du dr. et des inst. de la France*, t. III, p. 143 et s.; sur l'ancien droit scandinave, R. Dareste, *Études d'hist. du dr.*, pp. 291, 314, 349.

(2) Le *Très ancien coutumier* se place à la fin du XIIe siècle ou au commencement du XIIIe; le *Grand coutumier de Normandie* se place dans la seconde moitié du XIIIe siècle, vers 1275. Le *Très ancien coutumier* sera cité d'après l'édition de M. Tardif (Rouen, 1881); et le *Grand coutumier*, d'après l'édition de M. de Gruchy (Jersey, 1881, sous le titre : l'*Ancienne coutume de Normandie*). Sur les dates, les origines, et les éditions de ces monuments, consulter Tardif, *op. cit.* Introduction; Tardif, *Les auteurs présumés du Grand coutumier de Normandie*, dans *Nouv. Revue hist.*, 1885; de Gruchy, *op. cit.*, p. 337; Havet, *Les cours royales des îles normandes*, Paris, 1878, p. 16; Glasson, *Hist. du dr. de l'Angleterre*, t. II, p. 103 et s. — Le principe énoncé au texte est implicitement formulé dans le *Très ancien coutumier*, ch. X, n. 1 (*Pars prima*, vers 1199-1200), et ch. LXXX, n. 2 (*Pars altera*, un peu après 1218). V. Tardif, *op. cit.*, p. LXXI et s., sur ces dates. — « *Sorores in hereditate patris nullam portionem debent reclamare versùs fratres, vel eorum heredes...* » *Grand coutumier de Normandie*, ch. XXVI, *De portionibus*.

(3) Bérault, Godefroy, sur art. 248.

(4) Hoüard, *Dict. du dr. normand*, t. II, v° *Filles*, p. 502.

Le pouvoir paternel, il est vrai, — suivant une tendance, dont la célèbre formule de Marculf (1) nous révèle l'ancienneté, et qui produisit des effets plus importants dans la formation des autres coutumes, — peut modifier la règle légale, en instituant la fille héritière : plus exactement, pour employer les termes ici consacrés, le père peut *réserver* ses filles au partage de sa succession, en concours avec leurs frères (2). Même alors, la coutume n'abandonne point ses vues ; elle permet d'atténuer le principe, non de le détruire : le cours normal du patrimoine, c'est la transmission par décès à la descendance mâle ; il ne faut pas qu'une portion excessive s'en trouve détournée. Et voilà pourquoi la réserve à partage n'attribue aux filles, ainsi devenues héritières, que des droits strictement limités, non point des droits égaux à ceux de leurs copartageants (un tiers au plus pour toutes ensemble, deux tiers au moins restant aux fils) (3).

Le fils exclut la fille. Les enfants du fils l'excluent également. « En succession de propre, tant qu'il y a mâles ou descendants des mâles, les femelles ou descendants des femelles ne peuvent succéder, soit en ligne directe ou collatérale (4). » Comme en ligne directe descendante, les acquêts et les propres se partagent de la même manière (5), nous pouvons traduire : dans la succession paternelle ou maternelle, tant qu'il y a fils ou descendants des fils, les filles ou descendants des filles ne peuvent hériter pour aucune espèce de biens. — La formule implique certaines conséquences, qui mettent en jeu la représentation, et qu'il faut dès maintenant dégager (6).

(1) Marculf, l. 2, c. XII : « *Diuturna sed impia consuetudo inter nos tenetur, ut de terrâ paternâ sorores cum fratribus portionem non habeant; sed ego perpendens hanc impietatem, sicut mihi a Domino æqualiter donati estis, ita et sitis a me æqualiter diligendi, et de rebus meis post decessum meum æqualiter gratulemini...* »

(2) Terrien, *Commentaires du droit civil tant public que privé, observé au pays et duché de Normandie,* liv. 6, ch. III. Édition 1578, p. 207.

(3) Art. 258, 269, sauf une exception résultant de l'art. 270, qui sera étudiée ci-après.

(4) Art. 248.

(5) Pesnelle, Introd. au ch. XI, *De succession en propre.*

(6) Il ne s'agit, dans ce résumé, que du droit de la Coutume officielle. Le système des successions, en Normandie, était fort complexe ; il n'entre point

1. *Les filles ne sont exclues que par des fils ou descendants de fils* (1).

Elles ne sont donc pas exclues au profit de collatéraux. La rigueur du principe aurait pu conduire jusque-là (2) : car les filles ne continuent pas le nom de leurs ancêtres, tandis que d'autres parents mâles peuvent le soutenir et le perpétuer. Mais la coutume n'a point admis cette atteinte exagérée aux sentiments naturels des père et mère défunts.

Elles ne sont même pas exclues au profit d'un héritier mâle, descendant de l'auteur commun par une parenté féminine : la fille est écartée par son frère; elle ne l'est point, ni par une sœur, ni par *un neveu issu d'une sœur*. Les successions nobles, malgré la nature même du fief, obéissent à cette règle : « Quand la succession tombe aux filles par faute d'hoirs mâles, elles partagent également; et les fiefs nobles, qui par la coutume sont individus, sont partis *entre lesdites filles, et leurs représentants, encore qu'ils fussent mâles* (3). »

La raison féodale, le service du fief, devait éloigner les filles en faveur des fils, et les puînés en faveur des aînés. Il en fut de même de la raison nobiliaire et sociale, de la conservation des biens dans la famille : les fils portent son nom, ils excluent donc leurs sœurs qui doivent passer en se mariant dans une autre généalogie; il suffit de leur procurer un mariage; diviser les biens nobles, c'est altérer l'éclat de ceux qui

dans notre plan de l'examiner en détail. On peut consulter : Cauvet, dans *Revue de législation*, t. XXXII, p. 75 et s., p. 103 et s.; et pour le droit ancien : Brunner, *Das Anglonormannische Erbfolgesystem*, p. 38.

(1) Le descendant du fils, par représentation, exclut donc la fille. On n'applique pas ici la règle que : la représentation est un bénéfice à l'effet de succéder ou de concourir, non à l'effet d'exclure (Pesnelle, Roupnel, sur 240, note 1; Cujas, *In libros feudorum*, lib. 2, tit. II, édition de 1874, t. VIII, p. 641). Le descendant du fils, en présence d'une fille, monte d'un degré par la représentation; mais, au lieu de concourir simplement avec sa tante, il l'exclut, parce qu'il représente le sexe de son auteur. A côté de cette *représentation de sexe*, il y a la *représentation de degré* qui fait concourir, dans une succession, des parents de degrés inégaux, par exemple : les enfants du fils, avec leur oncle, dans la succession de leur grand-père. Cp. Hoüard, *Dict. de dr. normand*, t. III, v° *Préciput*, p. 537.

(2) Cp. Loi des Thuringiens. Glasson, *Le droit de succession dans les lois barbares*, p. 13 et 14.

(3) Art. 272.

les possèdent : les aînés écarteront donc leurs cadets; il suffira de pourvoir à leur existence, et le fief ne sera pas divisé (1).

Mais quand il n'y a que des filles, elles héritent : on estime même qu'il n'existe plus entre elles de causes d'inégalité, et elles héritent pour parts égales (2). La succession, le fief seront divisés. Ce résultat se produira, quand même l'une des filles serait morte avant d'avoir succédé, laissant des enfants mâles : le nom de leur grand-père maternel est éteint, il ne revit pas en eux, ils en portent un autre, et « ils ne conservent la famille d'où est venue leur mère, non plus qu'elle; » ils n'auront par représentation que ce qui serait échu à leur mère : comme elle ne pouvait évidemment exclure ses sœurs, de même ils ne pourront exclure leurs tantes (3).

2. Les fils succèdent seuls. Mais il importe peu que l'un d'eux meure avant d'avoir hérité. S'il avait hérité, les biens par lui recueillis seraient passés à ses enfants, et, d'après ce qui précède, même à ses filles, s'il n'avait laissé que des filles. *Par représentation, les descendants d'un fils prédécédé exerceront les mêmes droits que lui* (4).

(1) Ceci est vrai de *chaque fief*, mais non de *tous les fiefs ensemble* que pourrait comprendre une succession (art. 337 et s., art. 346, qui seront plus tard expliqués).

(2) Cf. *Le Très ancien coutumier*, ch. VIII, n° 5 : « *Nec feodum lorice, nec serjanteria, nec baronia partientur* (entre frères). » — Ch. IX, n° 1 : « *Omnia tenementa, si contingat descendere ad sorores, æqualiter partientur* (*et tria predicta, quæ partiri non possunt*)... »

(3) Les fiefs sont divisés entre les filles et leurs représentants, même mâles. Mais cette divisibilité exceptionnelle du fief devrait cesser dès qu'il est possible. Soit un fief à diviser entre deux sœurs, faute de frères; chacune d'elles a plusieurs fils : l'aîné d'entre eux exerce son droit d'aînesse sur la portion du fief revenant à sa mère; il empêche ainsi, au détriment des cadets, toute subdivision nouvelle du fief divisé (arrêt de 1645 : Basnage, sur art. 272 et sur art. 336).

(4) Cela, sans doute, était logique, à un certain point de vue, car si ce fils n'était mort qu'après son père, il aurait exclu ses sœurs, il aurait succédé seul, puis aurait transmis à ses descendants, dans sa propre succession, les biens ainsi recueillis : la représentation aboutissait au même résultat. Cependant, ce système ne concordait plus avec les vues de la législation normande, quand ces descendants du fils prédécédé étaient uniquement des filles. Un aïeul, par exemple, laisse une fille, et une petite-fille née d'un fils prémourant : la chaîne des générations qui porteront son nom est définitivement rompue; il n'y a donc plus, malgré la règle de la coutume, de raison suffisante pour écarter la fille de l'hérédité, en faveur de la petite-fille. De là

Un texte important nous montrera toute l'étendue qu'il faut accorder à cette idée.

Le fils aîné est seul saisi de la succession du père et de la mère; les puînés n'entrent dans l'hérédité qu'en lui demandant partage, et, jusqu'à cette demande, ils n'ont point droit aux fruits; telle est du moins la règle générale (1). Si le fils aîné est prédécédé, il est remplacé dans cette saisine par son fils, lequel devra partage à ses oncles, ses cohéritiers (2). Changeons encore l'espèce : le fils aîné prémourant n'a laissé qu'une fille; elle aura, par représentation de son père, la même prérogative qu'il aurait eue. « Encore qu'il n'y eût qu'une fille de l'aîné, elle a, par représentation de son père en ligne directe, pareil droit de prérogative d'aînesse que son père eût eu (et en ligne collatérale aussi pour le regard de la succession ancienne) (3). » Elle n'est donc exclue ni de la succession, ni de la saisine d'ensemble; elle a les mêmes droits que son père. Il faudrait supposer absence d'enfants du fils aîné, pour que le second fils tienne sa place (4).

Donc, la fille unique (ou les filles) d'un fils prédécédé, est

l'utilité des réserves d'une fille à partage, pour le cas de *décès* du disposant *sans hoirs mâles :* la fille et la petite-fille étaient alors cohéritières par la volonté du défunt. Arrêt de 1504, dans Terrien, liv. 6, ch. III, p. 207.

(1) Cela s'applique à l'aîné roturier, comme à l'aîné noble. Art. 237, 250; Pesnelle sur art. 237; Cauvet, *Rev. de législ.*, t. XXXII, p. 93. — Sur la combinaison de cette règle avec l'art. 235 : « Le mort saisit le vif sans aucun ministère de fait... » Pesnelle, h. l.

(2) Art. 238.

(3) Art. 240. Cet article, avec la représentation de sexe qu'il établit en faveur de la fille, fut fort discuté lors de la rédaction de la coutume, et critiqué par ses commentateurs (V. Basnage, Bérault et Godefroy, Pesnelle, sur cet art.). Il tranchait une question controversée entre feudistes et théoriciens : les droits de primogéniture doivent-ils passer par représentation à la fille de l'aîné? Pour la négative, V. Cujas, *In libros feudorum,* lib. 2, tit. XI, édit. de 1783, t. VIII, p. 641. Cf. Cout. de Paris, art. 324; Cout. d'Orléans, art. 305 : « Les enfants du fils aîné, soient mâles ou femelles, survivant leur père, venant à la succession de leur aïeul ou aïeule, représentent leur dit père en sa position et droit d'aînesse. Et s'il n'y a que filles, elles représentent leur père toutes ensemble pour une tête audit droit d'aînesse, sans aucun droit d'aînesse entre elles. Et s'il y a mâles, se partira la succession entre les enfants du fils aîné, le droit de prérogative gardé à l'aîné de sesdits enfants. » Cp. Claude de Ferrière, *Comm. sur la Cout. de la Prévosté et Vicomté de Paris*, sur art. 324.

(4) Art. 239.

héritière de son grand-père avec ses oncles; elle est même saisie, pour leur donner partage, si son père était leur aîné. Mais nous avons dit : la fille unique d'un fils prédécédé; car si elle avait un frère, de même que celui-ci l'empêcherait de succéder au père, de même aussi l'empêcherait-il de le représenter dans la succession du grand-père : il exercerait seul le droit de représentation.

Les mêmes règles s'appliquent à la succession collatérale aux propres. Les textes que nous avons cités le disent formellement (1). Si, par exemple, le *de cujus* laisse une sœur et un frère, la sœur ne peut hériter : les propres reviennent au frère, ou, s'il est décédé, à ses enfants (2). Les règles qui régissent la succession collatérale aux acquêts sont un peu différentes; et, dans notre espèce, la sœur qui serait encore exclue par son frère, viendrait, au contraire, en concours avec les enfants de son frère (3).

(1) Art. 240, 248, 272, *suprà*.

(2) Pesnelle, sur art. 248.

(3) Art. 306, au titre : *Successions collatérales en meubles, acquêts et conquêts :* « Où il n'y aura qu'une ou plusieurs sœurs du défunt, les enfants des frères décédés ne les excluront de la succession, comme eussent fait leurs pères, s'ils étaient vivants, mais succéderont par souches avec lesdites tantes. »

Soit la succession du *de cujus*, laissant : « 1° un frère, *Primus*, ayant un fils, *Secundus;* 2° une sœur, *Prima*, ayant un fils *Tertius*.

Succession aux propres : Primus exclut *Prima;* si *Primus* est prédécédé, *Secundus* exclut encore *Prima*, par représentation du sexe (art. 248).

Succession aux acquêts : Primus exclut *Prima ;* si *Primus* est prédécédé, *Secundus* concourt seulement avec *Prima*, par simple représentation de degré (art. 306). — Mais, si *Primus* et *Prima* sont l'un et l'autre prédécédés, de nouveau reparaît la représentation du sexe (art. 317), et *Secundus* exclut *Tertius :* « Les frères excluent les sœurs, et les descendants des frères excluent les descendants des sœurs étant en pareil degré » (art. 309).

Dans la succession aux propres, la représentation de degré a lieu indéfiniment (art. 41, 42 de l'arrêt de règlement de 1666, vulgò *Placités*). Elle n'a lieu que pour le premier degré, en succession collatérale aux acquêts (art. 304). Mais quand le partage a lieu par têtes et non par souches, *les frères s'approprient la part de leur sœur :* elle compte pour une tête dans le partage de la succession; seulement *elle compte pour une tête au profit de ses frères :* sa présence aboutit à grossir le lot de ses frères, à l'encontre des autres cosuccessibles, à l'encontre des cousins (art. 320). Nous aurons à revenir sur les conséquences de cette règle.

Il suit donc de là, d'une manière générale, dans les successions collatérales, qu'un frère exclut toujours sa sœur. Cp. Cauvet, *Rev. de législ.*, t. XXXII, p. 115 et s.

***

Nous nous attachons aux successions paternelle et maternelle. Pour éviter désormais toutes complications inutiles, nous supposerons généralement : 1° qu'il n'existe que des enfants au premier degré ; ainsi seront éliminées les questions de représentation ; 2° qu'il existe, au décès des parents, des fils et des filles. D'ordinaire, sauf réserve à partage, la fille est alors privée du titre d'héritière, au profit de ses frères, ou plutôt au profit de la famille dont ils sont les continuateurs.

Mais, d'un autre côté, la loi naturelle et l'intérêt public obligent, d'abord ses père et mère, ensuite ses frères qui l'écartent des successions, à lui procurer des moyens suffisants d'existence, et un mariage convenable. A côté de l'exclusion, et comme correctif, se place une obligation.

Seulement cette obligation, dans sa mise en pratique, diffère de nature et produit des conséquences bien distinctes, suivant que la fille sera mariée du vivant des père et mère, ou, après leur décès, par ses frères ; obligation toute discrétionnaire dans un cas, sanctionnée dans l'autre (1).

(I). Au premier cas, « notre coutume a considéré qu'il n'y a point d'affection qui surpasse la paternelle, et partant qu'il n'est à présumer que les père et mère fassent rien au préjudice de leurs enfants (2) ; » elle s'en remet donc à leurs sentiments, à leur appréciation, des donations ou promesses

(1) Cp. ancien droit scandinave : « La femme ne peut se marier, quel que soit son âge, qu'à la condition d'être donnée par son plus proche parent mâle. C'est ce parent (*giptoman*), qui reçoit la demande et l'agrée... Originairement, la fille n'avait aucun droit de succession, seulement elle était dotée par son *giptoman*... » R. Dareste, *Études d'hist. du dr.* (La Suède), p. 287.

(2) Bérault, Godefroy, t. I, p. 582. — Mais il ne faudrait point voir ici une présomption absolue, applicable en toutes matières. Loin de là : les précautions contre les aliénations à titre gratuit sont fort étroites, tant en faveur des enfants (V. par ex. : art. 424, 434), que dans l'intérêt, supérieur en quelque sorte, de la conservation des biens (V. par ex. : art. 422, 427) ; il y a même une véritable réserve, le tiers coutumier, contre les aliénations à titre onéreux (art. 399, 404). Cp. Basnage, sur ces textes. Loysel, *Inst. cout.*, I, 3, règle 28. Cauvet, *Revue de législ.*, 1848, II, p. 94.

utiles en faveur de l'union projetée; si elle limite leur liberté, c'est uniquement en vue de la pensée fondamentale qui restreint aussi leur autorité dans les réserves à partage : un maximum semblable empêche la dot, comme il empêche ces réserves, de nuire, au delà d'une certaine mesure, aux véritables successeurs, aux fils. Mais la décision des parents est souveraine, et la mariée, n'eût-elle rien reçu, n'a plus rien à prétendre.

(II). Dans le deuxième cas, au contraire, il était difficile de laisser aux frères un pareil pouvoir; « l'expérience confirme assez que l'on ne doit point se promettre des frères tant d'affection envers leurs sœurs (1). » Il était plus sûr, quelles que pussent être les exceptions à cette règle défiante, d'édicter une sanction. De vieille date, on les déclarait créancières envers leurs frères, créancières d'un *mariage* (2). Et le progrès du droit, sans altérer sa première nature, a produit plusieurs mesures destinées à assurer l'obligation des fils envers les filles et à la préciser de plus en plus. On appelle *stricto sensu*, *mariage avenant*, ou *légitime* (3), le droit ainsi fixé dans ses caractères et sa quotité.

Un même calcul déterminera également l'obligation des frères, si leur sœur ne veut se marier, de pourvoir à son entretien. Mais ce qui lui serait payé au moment de son mariage lui appartiendrait désormais, *pour elle et les siens;* si elle reste dans le célibat, la somme ou les biens qu'elle recevra resteront enchaînés à la famille dont elle est issue; il n'y a plus de motif, il n'y a plus la faveur de son alliance avec une autre famille, qui force à les en distraire; elle n'en aura que la jouissance *sa vie durant*.

Tout ceci nous explique la définition donnée du mariage avenant, dans le dernier état de la jurisprudence : « Le mariage avenant est ce qui appartient aux filles sur la succession de leurs père, mère, aïeul, aïeule, ou autre ascendant, en

(1) Basnage, I, p. 406.

(2) « Sorores in hereditate patris nullam portionem debent reclamare versùs fratres, vel eorum heredes; *sed maritagium possunt requirere.* » *Grand coutumier,* ch. XXVI, *De portionibus.*

(3) Pesnelle, I, p. 267. — Hoüard, *Dict. de dr. normand,* I, p. 118.

propriété, lorsqu'elles se marient, en usufruit, lorsqu'elles ne se marient pas (1). »

Mais l'expression a aussi un sens plus large, qu'il faut adopter tout d'abord, quoiqu'il soit moins usité : elle désigne ce qui est donné à la fille pour son mariage, soit par ses frères qui le lui doivent, soit par ses père et mère qui n'y sont point contraints (2).

On a remarqué que la coutume de Normandie est celle qui présente le plus d'originalité, et qu'elle reste comme excentrique dans le système général du droit français (3). La théorie du mariage avenant, avec tout ce qui doit la compléter, en est une preuve entre beaucoup d'autres. Elle repose sur des considérations moins exceptionnelles en droit coutumier que la théorie du régime dotal; elle n'en offre pas moins des particularités remarquables. D'ailleurs, telle qu'elle a été interprétée par les auteurs et les arrêts sous la Coutume officielle, elle sert à étudier juridiquement, par un de ses côtés les plus curieux, la notion de la famille dans les deux derniers siècles de la législation normande.

Les deux cas indiqués doivent être successivement développés : ils feront l'objet des deux parties de cette étude.

(1) Duval-Dubazey, *Méthode de liquider le mariage avenant, initio.* — Mais c'est toujours un droit comme créancière, et non comme cohéritière : Pannier, *Les ruines de la coutume de Normandie*, p. 63.

(2) L'étymologie de *mariage avenant* pourrait être : ce qui est donné *adveniente matrimonio*. Plus exactement, croyons-nous, elle vient de la locution « *porveoir avenantment de mariage,* » « *de matrimonio competenti providere* » : *Très anc. cout.*, ch. LXXX, n° 4 (édit. Tardif, p. 84). Anciennement, d'ailleurs, ce que nous appelons aujourd'hui la dot s'appelait *maritagium, mariage* (Cp. Planiol, *L'assise au comte Geffroi*, dans *Nouv. Rev. hist.*, 1887, p. 664); donner un mariage avenant, c'est donner un *maritagium*, une dot convenable, ou mieux une dot suffisante pour procurer *matrimonium*, une union convenable. *Dos* ou *dotalicium* signifiait le douaire : « ... *duo aloda... quæ mihi meus... vir Richardus comes cum plurimis in dotalicium dedit* » (L. Delisle, *Hist. du château et des sires de Saint-Sauveur-le-Vicomte*, page 3 des pièces justificatives : charte vers 1015). Cp. *Très anc. cout.*, ch. LXXIX et LXXX); *Grand coutumier*, ch. CI, CII du texte latin, ch. C, CI du texte français). — Le mot *dot*, dans le sens actuel, se trouverait pour la première fois dans un arrêt du Parlement de Normandie de 1539 (Troplong, *Contrat de mariage*, p. CXLV); dans ce sens, la coutume de 1583 dit couramment « *le dot.* »

(3) Glasson, *Hist. du dr. et des inst. de l'Angleterre*, t. II, p. 101. A. Tiphaigne, *Étude sur la clameur de haro*, Caen, 1880, p. 2.

PREMIÈRE PARTIE.

MARIAGE DE LA FILLE PENDANT LA VIE DES PÈRE ET MÈRE.

La fille ayant des frères, ne succède point. Il doit seulement être pourvu à son mariage. Mariée du vivant de ses père et mère, elle n'a donc plus rien, en principe, à réclamer après leur décès : de droit, elle n'est pas héritière, de fait, elle est établie. Et, en l'établissant, ses parents ont agi en toute liberté : ils ont pu l'accorder sans dot au gendre qu'ils ont agréé ; comme ils ont pu lui donner ou lui promettre une dot.

Art. 250 : « Les père et mère peuvent marier leur fille de meuble sans héritage (biens fonds), ou d'héritage sans meuble; *et si rien ne lui fut promis, lors de son mariage, rien n'aura* (1). » — Formule énergique et bien précise! Et quand on imagine de dire, par un détour plus poétique et plus gracieux, que la jeune mariée qui ne reçoit rien est suffisamment dotée d'un *chapeau de roses* (2), ou d'un *bouquet de fleurs*, toujours est-il qu'on l'oblige quand même à s'en contenter.

Comme elle a place à un autre foyer, c'est aussi dans sa nouvelle famille que des droits lui sont ouverts. « Le père doit un

(1) Adde, art. 252 : « La fille mariée par son père ou mère ne peut rien demander à ses frères pour son mariage, outre ce qui lui fut par eux promis, quand ils la marièrent, et si d'ailleurs aucune chose lui a été promise en mariage, ceux qui l'ont promis, ou leurs hoirs, sont tenus le payer, encore qu'ils ne fussent tenus la doter. » Junge, art. 363. — Terrien, liv. VI, ch. III, p. 206 : « S'aucune femme est mariée à aucun homme, elle ne pourra rien demander à ses frères par raison de mariage fors ce que père et mère lui donnèrent, quand ils la marièrent. Et se rien ne lui fut donné en mariage, elle ne pourra rien demander. » — *Grand coutumier,* ch. XXVI et ch. C (édit. Gruchy, p. 85 et 244).

(2) Le chapeau de roses désignait aussi certaines redevances peu importantes : L. Delisle, *Études sur la condition de la classe agricole et l'état de l'agriculture en Normandie au moyen âge*, p. 492; *Journal manuscrit d'un sire de Gouberville, gentilhomme campagnard au Cotentin de 1553 à 1562,* par M. l'abbé Tollemer, 2e édit., p. 718.

mari à sa fille et rien de plus; il est quitte envers elle, lorsque par le mariage qu'il lui a fait contracter, il lui a procuré l'espérance de recueillir le douaire, le droit de conquêt et autres avantages attachés à l'état de femme mariée (1). »

A la vérité, cette possibilité d'une dot réduite à sa plus minime et fictive expression, avec exclusion des successions,

(1) Houärd, *Dict.*, v° *Filles*, t. II, p. 503.

(*a*) *Le douaire* : un tiers en usufruit des immeubles du mari au jour du mariage, ou échus depuis en ligne directe; art. 369 et s. — Le douaire normand présente quelques particularités. Nous signalerons la suivante qui correspond à l'idée émise au texte, et qui assure, à tout événement le droit de l'épouse : de droit commun, le douaire n'est ouvert qu'au décès du mari (Loysel, *Inst. cout.*, liv. I, tit. 3, règle 6 : jamais mari ne paya douaire); la femme normande a droit à son douaire en cas de séparation de corps prononcée contre le mari et en cas de séparation de biens (V. Cauvet, *Rev. de législ.*, 1847-II, p. 157 et s.; *Journal manuscrit d'un sire de Gouberville*, par M. l'abbé Tollemer, p. 680 et s. : douaire d'une femme dont le mari vit). — Il existe également, mais avec des différences importantes, un droit d'usufruit pour le mari sur les biens de la femme prédécédée; c'est le droit de *viduité*, et en droit anglais *curtesy* : v. art. 382; Cauvet, *Rev. de législ.*, 1847-II, p. 161; Glasson, *Hist. du dr. et des inst. de l'Angleterre*, t. VI, p. 277, note; Blackstone, *Commentaires sur les lois anglaises*, traduction M. D. G..., 1774, t. III, p. 334; *Blackstone's commentaries abridged*, by Gifford (1820, p. 248) : « By the birth of a child he (the husband) becomes tenant for life by the curtesy; » ch. CXIX du Grand coutumier : « *De veufveté de homme.* »

(*b*) *Le droit de conquêt* : moitié des conquêts en bourgages, et dans le bailliage de Gisors; généralement un tiers en usufruit hors bourgages, art. 329. C'est à titre d'héritière du mari, et non comme commune en biens, que la femme exerce son droit de conquêt (La question était discutée; dans le sens indiqué, voy. notamment Duval-Dubazey, *Traité de l'hérédité des femmes en Normandie;* Houard, *Dict.*, v° *Femmes*, t. II, p. 278). Malgré quelques tendances contraires qui ont rapproché la Normandie des autres coutumes, elle est toujours restée réfractaire aux idées de communauté : le mari est propriétaire des biens que nous appellerions communs; la femme survivante hérite seulement. Toutefois, en bourgage, et au bailliage de Gisors, le droit à moitié des conquêts appartenait aux héritiers de la femme décédée avant son mari (Voy. art. 331 et 332; Duval-Dubazey, *op. cit.*, p. 51 et s. Cp. Guillouard, *Contrat de mariage*, t. I, p. 33). On ne peut, en tout cas, par une clause de société d'acquêts, donner à la femme une part plus grande aux conquêts que la part légale (art. 330; Basnage, sur cet art.). V. sur plusieurs questions qui se sont présentées dans notre siècle : Rodière et Pont, *Contrat de mariage*, II, p. 482 (2e édition); et surtout, Huet, *De la communauté stipulée en Normandie sous l'empire de la loi du 17 nivôse an II.*

Le mari est propriétaire des meubles comme des conquêts. Mais la femme succède à une portion : art. 392-395.

ne se rencontre pas seulement en Normandie. Quelques coutumes sont semblables. Sans nous attarder aux distinctions parfois établies entre les filles nobles et roturières, entre successions directes et collatérales, nous remarquerons seulement qu'une dot effectivement reçue était, en thèse générale, la condition essentielle de cette exclusion des héritages à venir; encore fallait-il le plus communément qu'il y eût une renonciation stipulée dans le contrat de mariage. Ce qu'il importe de constater, c'est l'identité de tendance dans cette diversité d'institutions : « La raison qui a fait établir ces renonciations a été pour conserver les biens dans la famille de celui à la succession de qui on a fait renoncer les filles au profit des mâles, et soutenir par ce moyen la splendeur du nom (1). » Nos auteurs, on l'a vu d'avance, n'expliquent guère autrement la doctrine plus rigoureuse du Code normand, qui va droit au but, sans renonciation, et volontiers sans dotation.

Cette règle sévère de la coutume ne pouvait s'étendre au delà de ses limites territoriales : la réalité des statuts en matière de succession s'y serait opposée. Il en résultait qu'une fille mariée dans un pays d'exclusion, comme le nôtre, n'en conservait pas moins ses droits successoraux sur les héritages situés dans le ressort des coutumes qui ne prononçaient pas l'exclusion légale (2); une renonciation conventionnelle pouvait alors intervenir; inutile en Normandie (3), elle produisait son effet au dehors. Mais cette renonciation n'exigeait point de termes sacramentels; un arrêt de 1672 l'avait ainsi décidé au sujet d'une fille dotée, avec cette clause : *pour lui tenir lieu de la part qu'elle pourrait avoir sur les biens de ses père et mère* (4). Cette clause paraît avoir été usuelle : surabondante,

(1) Pothier, *Introd. à la Cout. d'Orléans*, titre XVII, n° 14 (édition Bugnet, t. I, p. 487); et *Traité des successions*, ch. I, sect. 2, art. 4, § 3 (t. VIII, p. 30). — Cp. Kœnigswarter, *Hist. de l'organisation de la famille en France*, p. 265. — Comparez, dans cet ordre de tendances, pour les pays de droit écrit, Viollet, *Précis de l'hist. du dr. français*, p. 709, 720, 739.

(2) Boullenois, *Traité de la personnalité et de la réalité des lois, coutumes, ou statuts*, 1766, t. I, p. 323. — Contesté par Hoüard, qui fait de la règle normande un statut personnel, *Dict.*, v° *Filles*, t. II, p. 506, 507.

(3) Basnage, sur art. 250, t. I, p. 403.

(4) Pesnelle, sur art. 250, t. I, p. 272. Mais il est plus sûr d'insérer le mot *renonciation* : de La Tournerie, *Nouveau commentaire portatif de la Cou-*

il est vrai, — sauf pour les biens situés ailleurs que dans la province, — elle précisait et affirmait l'intention d'écarter tout système de dot qui, comme cela était possible, aurait réservé des droits sur l'hérédité des parents.

Il y a, en effet, pour les parents qui veulent doter, au sens large du mot, un certain nombre de combinaisons variées, entre lesquelles ils peuvent choisir à leur gré. Nous étudierons les principales, en essayant de les classer :

1° *Dot* proprement dite. Elle peut se composer de meubles ou d'immeubles. Elle peut être actuellement payée, ou simplement promise, promesse d'argent, constitution de rente : dation, obligation, sous les formes diverses qu'elles comportent.

2° *Don au mari.* Les parents, libres de ne rien donner, peuvent donner cependant, mais au gendre, et non à la fille : c'est ce que la pratique normande appelle un *don mobil.*

3° *Réserve de droits.* Les parents, même sans rien débourser, même sans s'obliger comme débiteurs d'un capital exigible ou d'une rente, peuvent réserver des droits qui s'ouvriront à leur décès. C'est notamment l'hypothèse d'une *réserve à partage.*

§ 1. Dot.

Avec l'emploi des premières combinaisons ci-dessus énumérées (1), deux questions appellent notre attention : la garantie de la dot dans l'intérêt de la fille, la réduction de la dot dans l'intérêt de ses frères.

tume de Normandie, 2e édit., 1778, t. I, p. 298. — Encore est-il que certaines coutumes permettaient aux renonçants de réclamer le complément d'une portion légitime, que nulle renonciation anticipée ne pouvait leur enlever. Boullenois, *op. cit.*, t. I, p. 326.

(1) Le père et la mère étant l'un et l'autre vivants, il s'élève sur la constitution de dot des questions analogues à celles résolues par le Code civil, art. 1422 initio, 1556, 1544. — Le père peut doter *de suo*. Il peut aussi doter de meubles et de conquêts, sans la participation de la femme; car il en est propriétaire, la femme devant être seulement son héritière pour partie (*suprà*). — Mais la dot promise sur biens paternels et maternels n'obligerait plus tard la mère survivante que si elle a signé au contrat. — Tous ces

A. *Garantie.*

La garantie, dans les idées de la coutume, peut se concevoir de deux manières principales.

1. En premier lieu, supposons que la fille ait reçu en dot un fonds de terre, ou une créance, une rente sur un tiers; mais il se trouve que le fonds de terre n'appartenait pas aux parents, que le tiers cédé n'était pas débiteur, d'où résulte plus tard éviction de la part du légitime propriétaire, ou jugement constatant l'inexistence de la rente ou de la dette. Le prétendu droit transmis n'existait pas. D'après les principes généraux, toute transmission de ce genre, faite à titre onéreux, donne lieu à garantie, mais faite à titre de libéralité n'engendre point pareille obligation, si ce n'est dans certains cas particuliers : dol du donateur, clause expresse, et, comme dit Basnage, *qualité de la donation* (1). Le même auteur ajoute, comme exemple de sa thèse (2) : « Si le père a donné des rentes ou des héritages pour la dot de sa fille, il est tenu de faire valoir la donation, parce qu'il était obligé de la doter. » L'argument est douteux; car les pères ne sont point obligés de doter leurs filles en les mariant (3); ils peuvent

points tiennent trop au régime matrimonial et demanderaient trop de développements pour que nous devions les aborder ici. — V. les commentateurs, et notamment Basnage, sur l'art. 250; de La Tournerie, *Nouveau commentaire portatif*, t. I, p. 297.

Au cas inverse (la mère étant déjà décédée, ou le père, au moment du mariage de la fille) les réserves à partage permettront de relever quelques particularités importantes.

(1) Donation *ob causam* (Pesnelle, II, p. 556). Exemple : donation à une église à charge de services pour l'âme d'un défunt. Godefroy (Bérault, t. II, p. 226) admet, en l'hypothèse, garantie de fait et de droit. Un arrêt de 1608 l'avait ainsi jugé, mais il ne fit pas jurisprudence (*Adde*, Bérault, t. II, p. 220). Un arrêt du 28 janvier 1656 (Basnage, sur 431, t. II, p. 222) exonère de la garantie de fait ou de solvabilité le donateur d'une rente à l'église, à charge de célébrer des messes. Mais il reste douteux de savoir si le donateur ne garantit pas, du moins, même sans clause expresse, « la rente être bien et loyalement deüe. »

(2) Basnage, t. II, p. 222. Et les expressions qu'il emploie s'entendent de la garantie simultanée de l'*existence* de la rente et de la *solvabilité* du débirentier.

(3) Flaust, t. I, p. 211, discute l'argument de Basnage; il admet la garantie

seulement se considérer comme naturellement obligés à le faire (1) et leur intention de garantir peut se présumer. En réalité, la coutume est muette sur la question. La fille n'ayant rien à espérer en dehors de sa dot, il était naturel de lui assurer du moins ce qu'on lui donnait à ce titre; et quelques textes de droit romain auraient été au besoin, appropriés à sa cause (2). En tout cas, la clause par laquelle le père aurait assumé l'obligation de garantie la plus complète, de droit et de fait, n'eût rencontré aucun obstacle, car il est maître de l'étendue de sa générosité.

2. L'autre aspect de la garantie offre plus d'intérêt historique, parce qu'il nous met en présence de l'adage « Bien de femme ne doit jamais se perdre. » Cette garantie est « singulière en Normandie; elle y fait naître tous les jours des contestations. »

Le mari ne peut aliéner valablement l'immeuble de la femme qu'avec son consentement, et sous une condition, imposée par la coutume, qui n'a nul besoin d'avoir été insérée dans le contrat de mariage : c'est qu'il en soit fait remploi, ou que du moins les biens du mari soient suffisants pour la récompense du prix; ce droit à récompense est d'ailleurs muni d'une hypothèque. Cette condition légale essentielle intéresse les tiers : si la femme ne peut reprendre sur les biens du mari l'équivalent de l'immeuble aliéné, elle peut s'adresser à l'acheteur qui se verra dans l'alternative, ou de payer une deuxième fois, ou de restituer (3). — Au lieu d'un

de l'existence de la rente, non celle de la solvabilité du débiteur. — « Sur ce fondement que les père et mère ne sont point obligés de doter leurs filles, on établit... que les père et mère ne sont point garants de ce qu'ils ont donné... » Tel est le raisonnement de Pesnelle, t. I, p. 269, et même celui de Basnage, t. I, p. 396, mais, l'un et l'autre, sur la seconde question de garantie que nous allons bientôt examiner, celle qui préoccupe surtout les commentateurs normands.

(1) Basnage, t. II, p. 268..

(2) Bérault, t. II, p. 220, sur 431. Cp. Domat, *Lois civiles*, liv. I, tit. IX, sect. II, règle 25. Cp. règle 24.

(3) Art. 537. « Bref de mariage encombré équipolle à réintégrande, pour remettre les femmes en possession de leurs biens moins que dûment aliénés durant leur mariage, ainsi qu'elles avaient lors de l'aliénation, et doit être intenté par elles ou leurs héritiers, dans l'an et jour de la dissolution du

fonds, ou d'une maison, supposez une rente. Le débiteur qui veut *racheter* la rente est dans une situation semblable à celle d'un tiers acquéreur (1). Aucun bien de femme mariée ne doit être perdu de quelque façon que ce soit; si donc la somme remboursée ne se retrouve point par remploi, ou par une valeur égale à reprendre efficacement dans la fortune du mari, à la dissolution du mariage, c'est au débi-rentier lui-même qu'elle sera de nouveau réclamée. Pour éviter ce danger, de même qu'un tiers acquéreur prudent devra s'assurer que le bien qu'il achète est suffisamment remplacé, de même le débi-rentier est autorisé par une jurisprudence très ferme à prendre ses précautions : pour payer sûrement, il peut exiger du mari un bon et valable remplacement, ou une caution, et, en cas de refus, consigner (2).

mariage, sauf à eux à se pourvoir après l'an et jour par voie propriétaire. » Ceci s'applique au cas où le bien de la femme a été aliéné par le mari seul. Mais il y a une différence essentielle avec ce qui précède, dans l'hypothèse où l'aliénation a été faite par « le mari du consentement de la femme, ou par la femme de l'autorité et consentement de son mari : » La femme doit alors discuter les biens du mari situés en Normandie avant d'inquiéter l'acquéreur : et c'est une des supériorités du régime dotal de la coutume, qui n'admet ainsi contre les tiers qu'un recours SUBSIDIAIRE, non une action immédiate et *de plano*. Le bien de la femme n'est donc point inaliénable; sa valeur seule est inaliénable en ce sens qu'elle doit toujours être retrouvée, même au détriment des tiers, si on ne peut faire autrement, à la fin de l'union conjugale (art. 538, 539, 540). — D'un autre côté, on distingue la dot et les autres biens de la femme mariée (V. sur cette distinction : Pesnelle, sur 539). Nous ne disons pas : la dot et les paraphernaux; le mot *paraphernaux* a un sens très limité, bien distinct du sens romain (art. 394 et 395). Les règles générales ci-dessus sont les mêmes pour la dot et les autres biens de l'épouse; l'inaliénabilité de leur valeur est en principe identique; il existe seulement quelques différences, au point de vue du rang hypothécaire de la reprise sur les biens du mari, et au point de vue du prix à payer par le tiers détenteur actionné subsidiairement, qui ne veut abandonner l'immeuble (Cp. art. 539 et 540, à l'art. 542). — La formule est donc absolue : « *Bien de femme* (et non pas seulement *dot*) ne doit jamais se perdre. » — Sur tout ceci, V. notamment Basnage, sur 539 et 540); et, résumé sommaire dans *Traité des contrats de mariage* (4e édit., Sérieux, t. II, p. 316). Bien que les contrats soient prohibés entre époux, néanmoins ils peuvent convenir d'un remplacement du bien de la femme sur les biens du mari (art. 410 et 411).

(1) Les rentes dotales racquittées sont remplacées de droit sur les biens du mari. V. art. 366, et les commentaires de ce texte.

(2) Pesnelle, Roupnel, t. II, p. 714, note.

On voit dès lors en quel sens les tiers sont garants de la dot. C'est une situation voisine, dans ses traits généraux, de celle qui se réalise souvent de nos jours par l'usage des contrats de mariage stipulant le régime dotal, avec faculté d'aliéner moyennant remploi les immeubles dotaux (1). — Et, ceci posé, les parents qui s'obligent à payer une somme d'argent, ou qui « se constituent en rente (2), » sont-ils garants du mauvais usage que peut faire le mari de la somme payée, ou de la rente acquittée au cours du mariage?

Il faut faire une distinction : dans un cas, exempts de garantie, parce qu'on n'est point garant de sa libéralité, ils exposeront dans l'autre leur responsabilité personnelle. S'agit-il d'une promesse d'argent, il n'y a point de garantie. S'agit-il d'une rente constituée sur eux-mêmes, ils ne la peuvent éteindre en toute sécurité que moyennant remploi du capital. Comment expliquer cette différence entre les deux stipulations? C'est que le père donateur, par cela même que lors du mariage il s'était constitué en rente, au lieu de verser ou promettre un capital, n'a fait paraître qu'une médiocre confiance dans la gestion future du mari, puisqu'il retenait l'argent et ne s'obligeait qu'à des arrérages; si plus tard il rembourse au mari, il se déjuge en quelque sorte lui-même, et s'expose dès lors, trop confiant en temps inopportun, aux conséquences de son imprudence. La distinction repose donc finalement sur une interprétation présumée de la pensée première des parents, mais c'est une présomption sans réplique, fût-elle autrement explicable en fait. Elle est appuyée sur de nombreux arrêts qui prouvent en même temps l'usage fréquent de ce système de dot. C'est si bien la volonté des contractants qui doit régler tout ceci, que, d'une part, les parents pourraient s'obliger en tous cas à la garantie de la dot; et que, d'autre part, étant restés dans le droit commun qui

(1) Cauvet, *Les origines du droit civil de l'ancienne Normandie*, p. 16.

(2) Les rentes constituées pour dot jouissent de quelques avantages spéciaux, qui les rapprochent de la rente foncière, sur la prescription de la faculté de rachat, sur celle des arrérages, sur la constitution en nouvelle rente des arrérages impayés, etc... Les commentateurs expliquent ordinairement ces particularités sur l'art. 524. — Sur la pratique normande pour les rentes en général, fieffes, rentes hypothèques constituées, etc..., on peut consulter Hoüard, *op. cit.*, t. II, p. 319; Routier (1742), p. 77 et s.

vient d'être résumé, ils ne peuvent jamais exiger du gendre auquel ils désirent rembourser la rente, un remplacement ou une caution (comme le pourrait faire un autre débi-rentier); ils ne le pourraient que s'il y avait une clause expresse dans le contrat de mariage qui leur permît de se libérer en prenant des garanties. La constitution de rente pure et simple, qui n'autorise pas le mari à demander le capital, interdit aussi aux parents d'en opérer le paiement, contre son gré, si ce n'est à leurs risques et périls. Le vœu tacite des conventions matrimoniales est suivi, et la rente est, en toute hypothèse, assurée à la jeune famille (1).

Non exécutée au décès des parents, la promesse de dot incombe aux fils (2). Elle change même de nature et subit une sorte de métamorphose : ce n'est pas précisément une dette héréditaire qui passe à des héritiers; on oublie volontairement qu'elle existait *ab initio* dans la personne du *de cujus*, qui n'était pas garant (s'il ne s'était pas constitué en rente); elle est considérée comme renaissant d'une vie nouvelle sur la tête des successeurs : « ce qui pouvait être une libéralité (en la personne du père), devient une légitime en la personne du frère qui est tenu de le faire valoir (3). » Les principes ordinaires de la transmissibilité des dettes par succession sont rejetés en ce point pour faire place à une autre idée, à savoir que les frères à la différence des père et mère, acquittent une obligation civile en dotant leurs sœurs, donc sont soumis aux règles des actes à titre onéreux, et doivent garantie (4). C'est un singulier procédé d'analyse : s'il est peu

(1) Basnage, sur 250. Hoüard, *op. cit.*, v° *Filles* t. II, p. 508. Arrêt de 1671 (dans le *Traité sur les droits des filles en Normandie*, anonyme, 1779, p. 196).

(2) Art. 252 et 253.

(3) Basnage, I, p. 407. Flaust, *Explication de la coutume et de la jurisprudence de Normandie*, Rouen, 1781, I, p. 213, élève des doutes sur cette solution.

(4) Etant garants d'un paiement fait au mari, ils sont en droit d'exiger leurs assurances en lui soldant un capital. Ils n'auraient plus ce droit, s'ils avaient eux-mêmes, au lieu de subir la promesse paternelle, personnellement promis des deniers sans stipuler qu'un remplacement ou une caution seraient fournis au moment du paiement : ils doivent s'en prendre à leur propre faute d'avoir négligé leurs précautions. Basnage, sur 250, p. 398, et sur 251, p. 406, 407. Pesnelle, t. I, p. 270, 274.

logique, du moins il est conforme au génie défiant de la coutume, éminemment protectrice du bien de femme mariée. Il y a plus, et c'est une intention visible, toutes les fois qu'il s'agit de créances contre une succession, de les renforcer à l'excès par crainte de les affaiblir. En effet :

a) Les héritiers sont tenus personnellement et *solidairement* des dettes du défunt. « Chacun des cohéritiers *d'une même succession* est prenable envers les créditeurs par insolidité (1). » La solidarité s'applique en faveur de la sœur mariée, non payée de sa dot au décès du père (2).

b) Les créanciers du défunt acquièrent hypothèque par son décès : « Toute obligation a hypothèque du jour du décès de l'obligé, encore qu'elle ne soit ni reconnue ni contrôlée (3). » En était-il ainsi de la créance dotale qui nous occupe? Rien ne s'y oppose; d'ailleurs, le mariage avenant des sœurs est privilégié sur toutes les dettes du frère (4); il semblerait enfin que la question manque d'intérêt : car le contrat de mariage notarié par lequel les parents s'étaient obligés à payer une dot doit emporter hypothèque sur leurs biens (5). Mais il ne faut pas oublier qu'en Normandie la forme notariée n'est point imposée aux conventions matrimoniales (6); l'hypothèque alors ne prend date sur les biens du

(1) Bérault, Godefroy, sur art. 246, t. I, p. 570. Basnage, sur art. 114. — Difficultés aux cas de plusieurs successions d'un même individu (propres, meubles et acquêts), ou de biens situés dans différentes provinces : Pesnelle, Roupnel, t. I, p. 399, 400, note 2.

(2) Basnage, sur art. 250, t. I, p. 402, et sur art. 251, t. I, p. 410.

(3) *Placités*, art. 136. — C'est la même idée qui a donné naissance à la séparation des patrimoines; mais ici les avantages de l'effet hypothécaire sont conférés de plein droit. Bérault, sur art. 235, t. I, p. 542, note *a*. Basnage, *Traité des hypothèques*, ch. IV, § 2 (p. 8 de la 5e édition).

(4) Basnage, sur art. 249, p. 395.

(5) On sait que dans notre ancien droit, les actes notariés emportent hypothèque générale. En Normandie, le *contrôle* des actes est en principe nécessaire pour établir la préférence entre créanciers : c'est l'édit de 1606, de Henri IV, qui ne fut accepté que par le Parlement de Normandie. Basnage, *Traité des hypothèques*, ch. XII, notamment, p. 31. *Adde*, *Placités*, art. 134, 135. Basnage, sur art. 367 de la coutume, t. III, p. 5; et sur art. 403, t. II, p. 125.

(6) Elles peuvent être sous seing privé. Elle peuvent même être prouvées par le témoignage des parents qui y ont assisté : c'est le *record de mariage* : *Grand coutumier de Normandie*, ch. CIII, *De Recordationibus*; art. 386, 387,

père que du jour où elles ont été authentiquement reconnues (1) (non du jour de la célébration du mariage) et cette reconnaissance a pu leur manquer du vivant de l'ascendant qui a doté.

B. *Réduction.*

Protégée contre la mauvaise gestion et l'insolvabilité du mari, par une hypothèque sur les biens de ce dernier, par la responsabilité des tiers, par celle même des parents donateurs, ou surtout des fils qui leur succèdent, la dot librement accordée aux termes de l'article 250, ne doit pas cependant dépasser une certaine mesure imposée en faveur de la descendance masculine. Elle est ainsi fixée : un tiers au maximum des biens paternels ou maternels peut être donné aux filles; deux tiers au minimum doivent être réservés aux fils (2).

a) Un tiers au maximum est destiné aux filles, par consé-

388 de la Coutume; art. 78 des Placités. Mais voyez les justes critiques élevées par Roupnel de Chenilly, *dans l'intérêt des tiers* contre ces usages (sur Pesnelle, t. II, p. 444, n. 1; p. 512, n. 1; p. 688, n. 1). Comparez plusieurs réclamations dans les cahiers de 1789 : Hippeau, t. I, p. 473; t. II, p. 105, 177, 477, 496.

(1) Règlement de 1600. Ce règlement fut arrêté pour empêcher des abus au préjudice des autres créanciers. Basnage, sur art. 448, t. II, p. 268; sur art. 539, t. II, p. 407. — Il ne s'agit ici que de l'hypothèque sur les biens du père pour la dot par lui promise; quant aux conséquences de ce règlement pour l'hypothèque de la femme sur les biens du mari comme garantie de sa gestion, cp. le même, h. l.; Pesnelle, sur art. 539, t. II, p. 712 et s.; Pannier, *Les ruines de la coutume de Normandie*, p. 29.

(2) Basnage critique l'art. 254 qui détermine cette limite : « C'est une pépinière de procès; » et « puisque la Coutume remet à la prudence des pères de marier leurs filles sans leur rien donner, il aurait été juste de leur laisser la liberté de donner quelque chose au delà de ce qui leur appartient (c'est-à-dire la portion ci-dessus), pour les placer avec plus d'avantage. » L'observation est judicieuse; mais elle se concilie difficilement avec le principe même de la Coutume qui veut réserver aux mâles la majeure partie de la succession paternelle; ce principe posé, il devenait nécessaire d'en assurer l'observation contre les convenances particulières des parents. Au reste, si Basnage et les autres commentateurs admettent le principe et l'expliquent au point de vue politique, ce n'est pas sans observer qu'il leur paraît rigoureux au point de vue du droit naturel. La coutume d'Anjou (art. 241), permettait également au père de ne rien donner à sa fille, mais il pouvait aussi, suivant l'idée de Basnage, donner au delà de la portion ordinaire : Frigot, sur la *Coutume de Normandie*, t. I, p. 290.

quent fussent-elles nombreuses et en présence d'un frère seul (1). Mais le père ou la mère, en dotant une fille aînée, ne peuvent d'un seul coup épuiser à son avantage cette quotité disponible ; à la vérité, ils pourraient le faire au détriment des autres filles qu'ils marieront avant leur décès sans leur rien donner ni promettre, et ceci résulte de ce que nous avons dit précédemment sur le pouvoir souverain des parents (2). Mais ils ne le pourraient pas au détriment des fils, chargés de doter leurs sœurs non mariées avant le décès des père et mère : comme les dots de toutes les sœurs ne peuvent excéder le tiers des biens d'ascendant, c'est donc sur celle qui aurait antérieurement trop reçu, et non sur les frères, que doit être prise (3) la dotation des filles restant encore à marier.

b) Les deux tiers au minimum doivent être réservés aux fils. Leur réserve, *hoc sensu*, qui ne peut être moindre, peut donc, en premier lieu, rester plus forte au gré des parents, mais *il faut*, même contre la volonté de ceux-ci, dépasser les deux tiers, quand la proportion des frères et des sœurs est telle que la part de chaque sœur, dans le tiers destiné aux filles, excéderait la part de chaque frère, dans les deux tiers réservés aux fils. Ainsi, une sœur en concours avec plus de deux frères, aurait un tiers, chaque frère aurait moins d'un tiers ; et « il ne serait pas convenable que les sœurs fussent plus avantagées qu'un frère, ce n'est pas l'intention de la coutume (4). »

Nous arrivons à cette formule : *les sœurs ne peuvent avoir*

(1) *Très ancien coutumier*, cap. LXXX, *De maritagio mulieris*, art. 2 et 3 : « *Omnes sorores non possunt habere nisi terciam partem simul inter se dividendam.* » Édition Tardif, p. 84.

(2) Encore une question peut-elle être soulevée : Soient deux sœurs mariées du vivant du père ; l'une a reçu le tiers des biens, l'autre a été mariée d'un bouquet de roses. C'est l'hypothèse prévue par Terrien (liv. VI, ch. V) ; et il laisse les choses en l'état, les frères ayant les deux tiers qui restent. Mais Godefroy (Bérault, sur 254) est contraire : *car les filles mariées font part au profit des frères* (Arg., art. 257 et 362) ; ils ont par suite intérêt de faire réduire le don à ce que chacune des sœurs peut prétendre sur le tiers, pour emporter la part de celle mariée sans dot. Celle qui avait reçu le tiers n'avait droit qu'à moitié de ce tiers, ou un sixième ; l'autre sixième, qui aurait pu être destiné à l'autre sœur, profitera aux frères.

(3) Art. 256 : « Les filles n'ayant été mariées du vivant des père et mère, pourront demander part audit tiers. »

(4) Duval-Duhazey, *Méthode de liquider le mariage avenant*, p. 7.

toutes ensemble plus que le tiers ni chacune d'elles plus que la part d'un des frères (1); ou mieux encore : *plus que la part du moins prenant*. C'est une formule qu'il faut retenir, et nous la retrouverons souvent; c'est elle, notamment, qui détermine le droit de mariage avenant des filles contre les fils héritiers. Soit mariage avenant à réclamer sur les successions de père ou mère, soit action en réduction des mariages donnés par ceux-ci de leur vivant, l'inflexibilité de la coutume reste la même à l'avantage des fils : nous les supposons maintenant, après la mort des parents, demandeurs en réduction de la dot octroyée au delà du tiers légitime.

La réduction, la *révocation* (pour employer l'expression même de la coutume (2), ou encore le *rappel à partage* (3), ne s'opère point toujours sur les mêmes bases. L'évaluation se fait tantôt eu égard au jour de la donation (4), tantôt eu égard au jour du décès : ce dernier mode s'appliquait notamment lorsque la donation était faite d'une *quotité des biens présents et à venir*. La réduction suppose un inventaire préalable des meubles et titres de l'hérédité, les sœurs présentes ou dûment appelées (5). Elle peut être demandée, dans l'an et jour (6), par voie d'action s'il s'agit d'immeubles donnés, sans délai

(1) *Grand coutumier de Normandie*, ch. XXVI : « *Omnes enim sorores quotquot fuerint ultrà tertiam partem nihil possunt requirere hereditatis, nec majorem habere portionem quàm unus fratrum...* » Même texte au ch. CI. — Art. 269 de la coutume.

(2) Art. 254-255. *Sic : Très ancien coutumier*, ch. LXXX, n° 2. « Judicatum est quod pater qui maritavit duas de filiabus suis de catallo suo potuit dare filie sue tercie in maritagio terciam partem terre sue et quod filius suus non poterit hoc revocare. » *Recueil de jugements de l'Echiquier de Normandie au XIIIe siècle*, L. Delisle, p. 135, n° 595.

(3) Basnage, t. I, p. 441. Il compare avec la *réserve à partage* faite par le père, « le rappel à partage du frère, ou, pour mieux dire, la réduction qu'il demande. »

(4) Ceci peut avoir des inconvénients : un père, ayant deux fils et une fille, donne un tiers de ses immeubles à celle-ci, lors de son mariage, et dissipe ensuite le reste de sa fortune. Les deux frères ne pourront faire réduire la dot. V. Pesnelle, Roupnel, t. I, p. 277, note 1. Mais, *contrà*, Flaust, I, p. 223 et s.

(5) Placités, art. 48.

(6) Contrairement au droit commun (10 ans, art. 435) en matière de révocation de donations excessives. *Grand coutumier de Normandie*, c. CI (latin), c. C (français), édition Gruchy, p. 245.

fixé et par voie d'exception s'il s'agit d'une promesse non acquittée de meubles ou de deniers (1); elle n'est pas admise si la dot en *deniers ou meubles* a été *payée avant le décès*.

Cette dernière règle, reçue en jurisprudence (2), offrait, il est vrai, un moyen détourné d'éluder la limitation du tiers (3); mais il n'est point prouvé que nos ancêtres, accoutumés aux inégalités par une longue tradition, aient été souvent tentés de les transgresser (4). Deux causes, en tout cas, dans notre coutume, viennent tempérer les abus : tout d'abord, de nombreux obstacles à l'aliénation des immeubles (5) s'opposant à leur facile conversion en espèces sonnantes; et quant aux meubles, autres que la monnaie, ils n'ont guère d'importance, puisque toute valeur sérieuse, — et par exemple une rente même constituée (6), — est valeur immobilière. Ceci posé, le père a-t-il donné et livré à sa fille « or, argent, ou autres meubles, » il n'y a pas lieu à réduction; mais s'il a donné à la fois des meubles et des immeubles, la possibilité de réduction reparaît (7); de deux choses l'une : ou la sœur estime qu'elle a intérêt à s'en tenir aux dons mobiliers, elle doit alors abandonner les héritages et rentes; ou elle préfère avoir exactement le tiers auquel elle a droit vis-à-vis de ses frères, et alors elle doit rapporter meubles et immeubles dans la masse sur laquelle s'opérera l'estimation.

Le droit à la réduction, tel que nous venons de l'examiner, avait fait surgir une controverse qui tenait à la situation des biens. Certains avaient prétendu que la fille mariée avait droit

(1) C'est une application de la maxime : *quæ temporalia ad agendum, perpetua ad excipiendum.*

(2) Arg. *a contrario*, art. 255.

(3) « C'est pourquoi en Normandie, plus qu'ailleurs, le gendre a grand intérêt d'être payé la veille ou le jour des noces, de la dot de sa femme, et ne doit pas se rendre facile à accorder des termes trop longs de paiement. » *Traité des contrats de mariage*, 4e éd., revue par Serieux, 1762, t. II, p. 318. — Duval-Duhazey, *Méthode*, p. 8.

(4) Il faut reconnaître cependant que la jurisprudence est assez nombreuse pour permettre de le supposer.

(5) Spécialement, douaire et tiers coutumier, hypothèque de la femme mariée.

(6) Art. 507.

(7) Bérault, t. I, p. 593 et note *a*. Basnage, I, p. 422.

à *un tiers* sur les immeubles sis hors bourgage, et à *moitié* sur les biens sis en bourgage. Mais ce système, exact quand il s'agit de filles exceptionnellement reçues comme héritières (1), se heurtait formellement à l'article 254, quand il s'agit de filles non héritières, mais simplement dotées : aussi fut-il rejeté (2).

Il peut arriver que le père, en mariant sa fille, n'ait pas atteint la limite qu'il lui est défendu de franchir, soit qu'il n'ait rien donné ni promis, soit qu'il ait donné ou promis moins que le tiers. Malgré l'apparence restrictive des textes, il peut user à cet égard de sa liberté dans l'avenir, doter ou augmenter la dot; et c'est ce qu'on appelle un *supplément de légitime* (3).

§ 2. Don mobil.

Le don mobil, dont pourront faire usage les père ou mère mariant leur fille, nous ramène au régime matrimonial et aux stipulations qui s'y rattachent.

On sait la conquête normande : on ne peut nier qu'elle ait exercé une influence sur la formation du droit anglais. On peut continuer à suivre les rapports ou la similitude des deux législations (4), et les éclairer l'une par l'autre, même après que,

(1) Art. 270.

(2) Basnage, sur 254. — Il n'en est pas moins bizarre pour ces immeubles sis en bourgage, que le père, ayant par exemple un seul fils et mariant sa fille, puisse, en sa faveur, disposer de moitié, ou seulement du tiers, suivant qu'il la *réserve* ou non *comme héritière*.

(3) *Non obstat*, art. 252 : « La fille mariée par son père ou sa mère, ne peut rien demander à ses frères, pour son mariage, outre ce qui lui fut par eux promis *quand ils la marièrent.* » Ces expressions sont tenues simplement pour démonstratives. Basnage, sur art. 258; Frigot, t. I, p. 288.

(4) Nous nous bornons ici à constater un fait. Mais il s'élève des difficultés sur les éléments qui ont contribué à la formation du droit anglais et du droit normand, et sur leurs influences respectives. On ne pourrait guère contester l'action du droit romain antéjustinien (V. Caillemer, *Le droit civil dans les provinces anglo-normandes*, p. 7 et s.; Sumner-Maine, *Études sur l'hist. du droit,* trad. 1889, p. 364 et s., p. 453), spécialement en matière de régime matrimonial (Cp. Viollet, *op. cit.*, p. 683); il ne faudrait pourtant pas l'exagérer : il est essentiel de mettre en première ligne le fonds vigoureusement enraciné de mœurs et d'usages d'origines barbares, sur lequel cette action a pu s'opérer (Glasson, *Hist. du dr. et des inst. de l'Angleterre,* t. II, p. 89, 95; *Hist. du dr. et des inst. de la France,* t. III, p. 222) : c'est par là, croyons-

les deux pays n'étant plus réunis sous le même sceptre, la Normandie ressentit l'action directe des autres provinces de la France et leur emprunta peu à peu un grand nombre de principes juridiques qui la rapprochèrent du droit commun coutumier (1).

D'après la *Common law*, « par le mariage, l'homme et la femme ne sont aux yeux de la loi qu'une seule et même personne; car l'être ou l'existence légale de la femme est suspendu durant le mariage, ou du moins incorporé et confondu avec celui du mari (2). » Et, d'après le Grand coutumier de Normandie, du XIIIe siècle : « Dès ce que la femme est en la pooste de son mari, il peut faire à sa volonté de elle, et de ses choses et de son héritaige (3). » Mais la règle, en apparence trop absolue, et d'ailleurs expliquée par la suite même du texte, est inexacte pour les *biens réels*, comme dit le droit anglais (4), pour les héritages et plus généralement les immeubles de toute espèce, avec l'extension qu'ils comportent dans l'ancienne classification normande.

a) Les immeubles restent la propriété de la femme. Et, au

nous, que peut s'expliquer le pouvoir du mari sur l'épouse, et, plus généralement, la condition de la femme; c'est le *mundium* qui en est la source principale. Enfin, il faut réserver, dans le développement et la direction de ces usages antérieurs, la forte empreinte de féodalité qui caractérise l'Angleterre, bien que ses praticiens n'aient souvent respecté les principes féodaux qu'en les tournant (Gide, *Étude sur la condition de la femme*, édit. Esmein, p. 253. Boutmy, *Le développement de la constitution en Angleterre*, p. 92, note 1), et qui caractérise également, mais peut-être avec une persistance plus sincère, la coutume de Normandie. Cp. de Rozière, *Rev. hist.*, 1867, p. 73.

(1) Glasson, *Hist. du droit de l'Angleterre*, t. II, p. 94 et s.

(2) Blackstone, *Comm. sur les lois anglaises*, liv. I, ch. VII, *Du mari et de la femme* (trad. 1774, t. II, p. 159).

(3) Ch. C, *De Brief de mariage encombré* (ch. CI du texte latin), édition Gruchy, p. 241. — Cp. Cauvet, *Rev. de législ.*, 1847, II, p. 148. Glasson, *op. cit.*, II, p. 287. — Cette suspension de personnalité de la femme, que l'Angleterre a si longtemps conservée, malgré d'ingénieux détours qui l'atténuaient considérablement, paraît maintenant écartée depuis 1870 et surtout depuis 1882 (Glasson, *op. cit.*, t. VI, p. 184 et s. Gide, *op. cit.*, note de M. Esmein, p. 259). Elle s'était vite, en Normandie, changée en incapacité nécessitant l'autorisation maritale, réserve faite de l'inaliénabilité; ce fut le résultat de l'influence des autres coutumes (Glasson, *op. cit.*, t. II, p. 287).

(4) Blackstone, *op. cit.*, liv. II, ch. XXIX, § 6, *Du titre par mariage* (t. III, p. 333 et s.).

lieu d'en conclure que le mari, qui absorbe sa personnalité juridique, pourrait en disposer à sa place (1), on avait au contraire conclu de cette personnalité momentanément effacée, que ces immeubles ne pourraient être aliénés, soit par le mari seul, parce qu'il n'en était pas propriétaire, soit même par le mari du consentement de l'épouse, parce qu'elle ne pouvait avoir de volonté légalement distincte et indépendante (2); plus exactement, dans ce dernier cas, l'aliénation est valable, mais moyennant les garanties dont nous avons déjà donné le résumé : remploi proprement dit, ou reprise effective sur les biens du mari, ou action subsidiaire contre le tiers acquéreur (3). Avec ces garanties, les immeubles sont inaliénables, non en nature, mais en valeur.

Et cette inaliénabilité persistera jusqu'aux derniers temps

(1) Telle eût été, ce semble, la conclusion logique. Ainsi s'expliquerait peut-être le conseil de l'auteur du *Très ancien coutumier*, ch. IV, n°s 1 et 2 : il engage la femme à respecter l'aliénation de son bien (*maritagium*) consentie par le mari; sans doute, elle n'y est pas obligée; mais elle fera mieux en ne l'attaquant pas, car « *mulier viro suo obedire debet.* » Cp. Tardif, *Le Très ancien coutumier*, p. XLVIII. — Il résulte du moins du pouvoir du mari, que la femme ne peut de son vivant réclamer malgré lui contre les aliénations qu'il aurait faites : « elle ne peut rappeler ce que il fait, ne estre oüye, tant qu'il vive, en derrière de lui. » *Grand coutumier*, ch. C.

(2) Cp. Guillouard, *Contrat de mariage*, t. I, p. 32-33.

(3) C'était probablement un progrès du droit. Cp. Viollet, *op. cit.*, p. 683, note 5. Glasson, *op. cit.*, t. II, p. 289. Le *Très ancien coutumier* disait (ch. LXXX, *De maritagio mulieris*) : « Durante matrimonio *non valet aliquis contractus factus de terrâ mulieris*, immo revocabitur in irritum post mortem mariti, et tenetur heres illius ad excambium, si habet unde... » — Un arrêt de l'Echiquier, de 1391, admit la validité de la vente faite par le mari et la femme, mais il y avait cette circonstance que la vente était accompagnée d'un serment : « Vecy par lettres, disait l'acheteur, comme vostre mary et vous me vendistes lesdits héritages, et me promistes et jurastes vous et chacun de vous, que jamais contre la vendue de votre volenté que vous feistes sans contrainte et sans force ou menace de vostre mary. » *Coustume, stille, et usage au temps des Échiquiers de Normandie*, Marnier, 1847, ch. LXXIX, p. 66. Cp. Esmein, *Le serment promissoire dans le droit canonique*, p. 25. L'art. 538 de la Coutume de 1583 s'exprime ainsi : « Quand le mari, du consentement de la femme..., a vendu et aliéné, *les contrats sont bons et valables...* » Seulement les articles suivants, 539 et 540 assurent le remplacement, ou, à défaut, un recours contre les tiers. La jurisprudence s'était ainsi fixée quelque temps avant la rédaction de la coutume par l'arrêt Cerisey, dans Terrien, liv. VIII, ch. VII, p. 266.

sans rien perdre de sa force : la femme, même autorisée, ne peut hypothéquer — « car elle se laisserait facilement persuader quand son mari ne lui demanderait que l'engagement de ses biens (1) ; » elle ne peut davantage donner « quoique les femmes étant rarement libérales, il soit à présumer qu'elles ne voudront donner que par de puissants motifs (2). » Les idées de défiance vis-à-vis du mari, dans une pensée de protection pour la fortune personnelle de la femme, jouent un rôle capital. Le bien de femme est comme un domaine réservé où le mari perd toute autorité, et non seulement son autorité, mais souvent son influence.

b) Pour les meubles au contraire, la conséquence était autre : « Le mariage saisit absolument le mari de toutes les *propriétés personnelles* qui appartenaient à la femme (3). » Les meubles lui sont donc acquis, et avec eux le passif : « qui épouse la femme épouse les dettes (4). » La veuve retrouve seulement des droits dans la succession maritale; elle aura (5) : renonçante, certains objets, dits *paraphernaux,* destinés à son usage, ou un *remport conventionnel* (6); acceptante, un tiers ou moitié des meubles (7) avec charge correspondante des dettes.

(1) *Nisi quatenus in rem ejus versum est.* — Argum. de la loi Julia. — Il en a été ainsi, même après l'abrogation du S. C. Velléien par l'édit de 1606, contrairement au droit commun des pays coutumiers (Pesnelle, II, p. 707. — Cp. Gide, *op. cit.*, p. 410).

(2) C'est encore une règle exceptionnelle en droit coutumier. Il y avait, du reste, controverse, et la jurisprudence a éprouvé des variations (Pesnelle, Roupnel, t. II, p. 550, en note. Basnage, sur 431, t. II, p. 215). Mais la donation d'un bien dotal par la femme normande, autorisée du mari, *à ses enfants,* est valable, et ne constitue pas une aliénation prohibée (Sirey, 1810. 1. 372).

(3) Blackstone, *loc. cit.*, t. III, p. 333. Il ajoute un peu plus loin quelques explications inutiles ici.

(4) Basnage, sur art. 250, t. I, p. 398. Sur la corrélation des deux idées : Esmein, dans *Nouv. Rev. hist.*, 1883, p. 117.

(5) Art. 392, 393, 394, 395, 419.

(6) La clause de remport permettait à la femme de reprendre les objets désignés ou une somme estimative de leur valeur. Elle pouvait être sincère; elle pouvait aussi être fictive, le mari n'ayant alors rien reçu et consentant néanmoins une reprise mobilière. Pesnelle, t. II, p. 464, 465, 514, avec les notes de Roupnel. Sérieux, *Traité des contrats de mariage*, t. II, p. 309.

(7) En principe, un tiers quand il y a des enfants; moitié quand il n'y a pas d'enfants, ou qu'il n'y a que des filles déjà mariées, art. 392, 393. — On a parlé antérieurement du douaire et du droit de conquêt sur les immeubles.

Tel nous apparaît le droit commun : la femme apporte la jouissance seulement de ses immeubles et la propriété de ses meubles. Mais ce droit commun n'est que facultatif et les habitudes le modifiaient souvent.

Les pactes matrimoniaux peuvent contenir des libéralités entre fiancés (1). Mais tandis que le futur ne peut disposer que de meubles (2), la future peut donner plus largement, à savoir : tous ses meubles et le tiers de ses immeubles (3), ou seulement, — s'il s'agit d'une veuve convolant en secondes noces, une part d'enfant le moins prenant (4); cette restriction était conforme au premier chef de l'Edit de 1560, seul reçu dans le ressort de notre Parlement (5). On voit dès lors quelles pourront être les conventions matrimoniales, la femme n'étant pas tenue d'abandonner la propriété de toutes choses mobilières, étant libre à l'inverse d'abandonner une partie de ses immeubles : on appellera *don mobil* les donations ainsi faites de la future au futur (6).

En ce qui concerne les meubles et surtout les deniers, diffé-

(1) Flaust, I, p. 312. Les libéralités sont interdites entre époux : art. 410, 437. Toutefois, il y a une distinction à faire pour le testament : Cauvet, dans *Rev. de législ.*, 1847-II, p. 142. Basnage, sur art. 410, 429, 437.

(2) Art. 73 des Placités de 1666.

(3) Placités, art. 74. — Au lieu du tiers, la femme peut donner l'usufruit de ses immeubles en totalité; mais ses héritiers conservent le droit d'opter entre les deux partis (V. Arrêts dans Pesnelle, p. 501, note. — Comp. art. 917 C. civ.). — Il ne faut pas confondre cet usufruit avec l'usufruit du mari (ou *droit de viduité, tenancy by curtesy* du droit anglais) qui a lieu de plein droit, d'après l'art. 382, au cas d'enfant né vivant.

(4) Art. 405 Coutume, art. 91 Placités.

(5) Pesnelle, t. II, p. 503.

(6) *Don mobil* doit se traduire : *don mobilier*. Il semblera bizarre que l'on qualifie de la sorte une libéralité qui peut porter sur des immeubles. On a cherché l'étymologie de cette dénomination dans les usages germaniques : la femme, au témoignage de Tacite (*De moribus Germanorum*, cap. XVIII) offrait des armes à son fiancé; l'usage s'est développé, la femme a pu donner des immeubles; mais le souvenir du don mobilier se serait conservé (Cauvet, *Rev. de législ.*, 1847-II, p. 143). C'est peut-être remonter trop loin. De droit commun, la femme, en Normandie, reste propriétaire de ses immeubles; mais, de droit commun aussi, tous ses meubles, présents et futurs, appartiennent au mari (arrêt de 1745 rapporté dans une édition de la *Coutume de Normandie*, Rouen, 1753, p. 528). Dès lors, soustraire des objets mobiliers à cette règle générale, et déclarer qu'ils resteront à la femme, c'est les immo-

rentes causes en enlèvent le bénéfice au mari : — la clause d'emploi, ou l'emploi légalement imposé (1); la consignation sur les biens du mari (2); leur constitution pour dot par les donateurs avec le caractère immobilier qui leur est alors conféré (3); et même ce seul fait que la femme, limitant son don mobil, en exclut par cela même les valeurs non comprises dans la stipulation (4).

Pour les immeubles, le mari ne peut jamais prétendre aucun don mobil, quand il n'en a point été formellement accordé dans le contrat de mariage (5).

La femme ayant des biens (et par exemple, la fille unique, héritière de ses ascendants) peut donc attribuer un don mobil dans les limites, et aux conditions fixées par l'article 74 des Placités : « La femme majeure, ainsi que la mineure, dûment autorisée par ses parents (6), peut donner au mari (7) tous ses meubles, et le tiers de ses immeubles, sinon au cas de l'article 405 (secondes noces),... » En fait, ce don mobil du

biliser (v. g. a. 511 de la Coutume); à l'inverse, donner au mari des immeubles, c'est les placer dans la même situation juridique que des meubles, les mobiliser (Cp. Hoüard, v° *Don mobil*, p. 611). Ce serait donc une étymologie analogue à celle du mot AMEUBLISSEMENT, en matière de communauté : l'ameublissement fait tomber des immeubles en communauté, comme s'ils étaient meubles; le *don mobil d'immeubles* en rend le mari propriétaire, comme s'ils étaient meubles.

(1) Placités, art. 66. — Coutume, art. 390 : cet article de la coutume réformée est de droit nouveau.

(2) Art. 365, 366. La consignation était de plusieurs sortes, et donnait lieu à des questions difficiles. Elle est critiquée par les auteurs (Pesnelle, t. I, p. 401 et s.).

(3) Art. 511 Coutume; art. 66 Placités.

(4) Les meubles, spécialement les deniers, tiennent alors nature de dot, quand la femme n'en a point disposé au profit du mari (arrêt de 1655, Basnage, sur 390) : d'où résultait que le tiers débiteur des deniers dus à la femme était, en droit, pour faire un paiement assuré, de demander caution en payant au mari.

(5) Arrêt de Règlement du 26 mars 1738. Pesnelle, Roupnel, t. II, p. 501, note. Cette même note étudie un certain nombre de questions relatives au don mobil, et aux secondes noces. — *Adde :* Flaust, t. I, p. 314.

(6) C'est une autorisation d'une sorte de conseil de famille. Cp. Basnage, sur 431, t. II, p. 214.

(7) Par contrat de mariage seulement. Basnage, sur 410, t. II, p. 147.

tiers constituait un usage fréquent, attesté par les auteurs et la jurisprudence.

Revenons à notre hypothèse actuelle, dont tout ce préliminaire nous a écartés : les père et mère marient leur fille, de leurs biens. Nous les savons investis des pouvoirs les plus étendus. Sauf une importante question de réduction, nous les avons vus dispensateurs de leur fortune, pouvant la garder intégralement à leurs fils, ou bien en octroyer portion convenable, discrétionnairement appréciée par eux, à la fille qu'ils marient. Entre elle et son futur, ils sont également juges : leur souveraine autorité n'a d'autre mesure que les convenances, les opportunités, que met en jeu dans les conventions matrimoniales l'union projetée de deux familles. Ils ont fixé, tenant compte de leur situation pécuniaire et de la condition sociale des fiancés, la somme qu'ils destinent à leur établissement, par promesse ou par présent paiement : libre à eux d'en faire un don mobil, ou d'en faire une dot; au premier cas, tout est pour le mari, dans l'autre, tout est pour la femme, et du même coup devient immeuble (1). De ce qu'ils sont en droit de ne rien donner, on conclut en effet très logiquement qu'ils attribuent valablement au mari tout ce qu'ils veulent bien donner (2). Ou encore ils se conformeront aux traditions usuelles : un tiers au gendre, deux autres tiers conservant le caractère dotal. Ces principes, et cette liberté, n'étaient point contestables dès que les clauses du contrat se prononçaient expressément.

Ce qui donnait lieu, au contraire, à difficulté, c'était l'interprétation de volonté, dans le cas où le père promettait une somme en vue du mariage, mais sans s'expliquer sur la destination des deniers. Et deux opinions avaient eu cours; elles sont intéressantes parce qu'elles cachent un mouvement historique. L'une, probablement plus ancienne, conférait à la totalité de la donation le caractère de don mobil; elle était fondée sur ce que le père n'aurait eu garde d'omettre la stipulation dotale en faveur de sa fille, si telle avait été l'intention des parties; on pouvait surtout ajouter que c'était le

(1) Art. 511.

(2) Pesnelle, I, p. 269. — Sérieux, *Traité des contrats de mariage*, t. II, p. 308.

véritable droit commun : les meubles sont acquis de droit au mari ; or, les deniers sont *naturellement meubles* (1). L'autre, qui paraît triompher, se référant aux usages devenus habituels, et en quelque sorte à un droit conventionnel nouveau, attribuait un tiers en don mobil et deux tiers en dot (2) ; et ces deux tiers, tacitement « destinés pour être dot, » devenaient immeubles (3).

Il semble bien, toutefois, que les meubles, au sens plus restreint du mot, — objets meublants, usuels, ou de luxe, — passaient alors au mari sans discussion (4). A l'inverse, quant aux biens immobiliers; comme les fonds de terre, donnés par le père en contrat de mariage, ils ne pouvaient être réputés don mobil, sans une cession expresse, suivant une règle déjà formulée (5) ; immeubles dans les mains du disposant (à la différence des deniers), ils ne se détachent point assez facilement de la famille pour passer par présomption de volonté tacite dans le patrimoine du gendre.

En tout cas, ce que les conventions matrimoniales avaient réglé expressément ou implicitement ne comportait plus de changements au cours du mariage : le père donateur ne pouvait plus augmenter la dot au détriment du don mobil, ni réciproquement.

(1) « Car puisque [la somme] est baillée au mari comme un meuble cela luy appartient comme seigneur de tout le meuble de sa femme, et ne peut être réputé dot puisqu'il n'a été à ce destiné. » Bérault, sur art. 250, t. I, p. 582.

(2) Basnage, avec les arrêts qu'il cite, sur art. 250, t. I, p. 405. Flaust, t. I, p. 315. Voy. cependant, un arrêt de 1751 : Flaust, h. l., *De la Tournerie,* t. I, p. 300. Pour le premier système, Houard, v° *Filles*, t. 2, p. 508. — L'opinion de Basnage et de Flaust, en restreignant le droit du mari, est conforme à l'art. 390 de la coutume qui le restreignait dans une autre hypothèse : « Les meubles échus à la femme, constant le mariage, appartiennent au mari à la charge d'en employer la moitié en héritage ou rente, pour tenir le nom, côté et ligne de la femme, si tant est qu'ils excèdent la moitié du don mobil qui a été fait au mari en faveur du mariage. » Junge, Placités, art. 66. Cette charge d'emploi au profit de la femme était une innovation.

(3) Ils sont réputés immeubles et propres. Les deniers donnés pour dot par des étrangers à charge d'emploi sont réputés immeubles et acquêts. V. la distinction dans art. 511.

(4) Flaust, t. I, p. 314.

(5) Règlement de 1738, *suprà*.

§ 3. Réserves de droits.

Sous ce terme générique, nous comprenons les trois modes principaux mis à la disposition de l'ascendant pour assurer des droits qui s'ouvriront à son décès au profit de la fille qui se marie :

1° La réserve à partage (ou à succession);
2° La donation de biens présents et à venir;
3° La réserve de légitime (ou de mariage avenant).
Il faut d'abord les comparer entre eux.

1° *Réserve à partage.* — Dans le droit communément suivi en pays coutumiers, la fille n'est exclue de la succession des père et mère que moyennant renonciation. Mais cette renonciation même peut s'éteindre de diverses manières, et notamment par le rappel, « lorsque celui à la succession future de qui l'enfant a renoncé le rappelle à sa succession (1). » C'est un acte de dernière volonté, comme tel unilatéral et révocable.

En Normandie, l'exclusion était légale; elle existait de droit sans renonciation; mais elle n'était point d'ordre public; et la coutume approuve volontiers, dans une certaine mesure, les dérogations émanant de l'affection paternelle (2). Le père veut-il attribuer à sa fille, contrairement à la règle ordinaire, la qualité d'héritière, — et c'est ce qu'on appelle *réservation à partage ou réserve à succession*, — cette réserve, plus fréquente au moment du mariage (3), est possible en tout temps et par toute sorte d'actes, tant que la fille n'est pas mariée (4). Elle ne peut avoir lieu postérieurement : l'exclusion légale,

(1) Pothier, édit. Bugnet, t. VIII, p. 33, 34.

(2) Basnage, t. I, p. 424.

(3) *Plerumque fit,* prévu par les art. 258 et 259.

(4) Cp. Bérault, sur 258, t. I, p. 598. Basnage, sur 258, t. I, p. 425. Mais quand la fille a été mariée comme héritière réservée, la réserve est irrévocable, « parce qu'alors il ne serait plus au pouvoir du père ni de la mère d'anéantir une réserve sur la foi de laquelle un homme serait devenu leur gendre. » Houärd, v° *Filles*, t. II, p. 517 à 524. Cp. Pesnelle, Roupnel, t. I, p. 284, note 2.

non contredite par une *réservation*, constitue pour les frères, contre leur sœur mariée, un droit acquis; son retour, comme héritière, à une succession dont elle se trouve de droit écartée, viendrait troubler leurs prévisions considérées comme légitimes (1). Ainsi la renonciation conventionnelle du droit coutumier général n'est pas définitive et disparaît au moyen d'un rappel à succession (2); l'exclusion légale de la coutume de Normandie en faveur des fils est définitive et ne peut plus disparaître au moyen d'une réserve (3).

2° *La donation de biens présents et à venir* a longtemps souevé des discussions en Normandie comme dans toute l'ancienne France. On sait les dissidences de doctrine entre les pays de droit écrit et les pays de droit coutumier sur sa nature et ses effets (4). Les controverses provenaient de deux causes. Elles provenaient de la règle *donner et retenir ne vaut* (c'est pourquoi la donation de biens présents et à venir n'était très généralement admise que par faveur, et dans le contrat de mariage seulement). Elles provenaient aussi de ce fait que la donation de biens présents et à venir réunissait en une seule disposition deux libéralités distinctes : fallait-il décider que le donateur avait entendu donner en un acte indivisible ses biens actuels et futurs, tels quels au moment de son décès, — ce qui revenait à assimiler notre institution à la donation de biens à venir, ou *institution contractuelle*, et à lui enlever ainsi toute utilité spéciale? — Ou, au contraire, considérer qu'il y avait comme deux donations juxtaposées, mais différentes, que le donataire avait le droit de diviser pour opter entre elles à la mort du donateur? L'évolution commune aux pays de coutumes a été de la première à la seconde solution (5).

(1) Arrêt de 1655. Pesnelle, Roupnel, h. l., p. 284.

(2) Pothier (édit. Bugnet, VIII, p. 35) demande si ce rappel n'exige pas le consentement des frères au profit desquels la renonciation a été faite. Il se décide pour la négative (généralisant ainsi l'art. 22 de la coutume de Poitou), sauf textes contraires des coutumes.

(3) Voy. cependant arrêt de 1629 dans une hypothèse particulièrement favorable. Basnage, t. I, p. 426.

(4) Beyrand, *De la prohibition des pactes sur succession future*. Thèse, Paris, 1887, p. 26 et s.

(5) On peut voir les fluctuations de la jurisprudence normande et les doutes

La première est quelque peu préjugée par l'article 254, qui traite de la réduction, en faveur des frères, des donations faites aux filles. Comme nous l'avons vu, au cas de donations de biens présents, le compte s'établit eu égard à ce que le donateur possédait au temps de la donation (1); mais au cas de biens présents et à venir il se fait *invariablement* eu égard à ce que le donateur possédait au temps de son décès. La deuxième a été finalement édictée par l'ordonnance de février 1731 ; elle ne permet les donations de biens présents et à venir que dans les conventions matrimoniales, en faveur des conjoints ou de leurs descendants ; et « il sera au choix du donataire de prendre les biens tels qu'ils se trouveront au jour du décès du donateur, en payant toutes les dettes et charges, même celles qui seraient postérieures à la donation, ou de s'en tenir aux biens qui existaient dans le temps qu'elle aura été faite, en payant seulement les dettes et charges existantes audit temps (2). »

Une telle donation, en faveur d'une fille, est réductible au tiers (plus généralement, à la portion du mariage avenant) sur la demande des fils; ainsi qu'on le verra plus tard, la réserve à succession peut quelquefois lui donner davantage.

La donation de biens présents et à venir doit être formelle. Un père a doté sa fille en lui donnant le tiers de ses biens : cela s'entend des biens actuels; par suite, si la question de réduction est soulevée, il faut apprécier le patrimoine au jour de la donation, fût-il dans la suite sensiblement augmenté ou diminué (3).

3° *Réserve de mariage avenant.* — Le mariage avenant, c'est le seul droit régulier de la fille, non mariée au décès des

des auteurs, dans Basnage, t. II, p. 218. D'après un arrêt, le donataire peut, *en acceptant, mais non plus après,* déclarer qu'il s'en tient aux biens présents au moment de la donation. D'après un autre, « il a le choix de prendre lesdits biens du temps de la donation ou du décès du donateur, en contribuant aux dettes créées par le donateur *jusqu'au temps de son décès.* » — Les pays de droit écrit s'étaient encore portés vers d'autres explications.

(1) On voit que ce n'est pas le système de l'art. 922 Code civil.

(2) Ordonn. de 1731, art. 15 et 16. Pesnelle, Roupnel. sur 416. t. II, p. 573. n. 1. Pothier, édition Bugnet, I, p. 357. Cp. 1084 et 1085 Code civil

(3) Arg., art 431 et 254. Cf. Basnage, t. I, p. 251.

parents, sur leur succession (nous supposons toujours qu'il existe des fils ou descendants de fils; seule, ou en concours avec des sœurs, elle serait héritière sans qu'il soit besoin d'une réserve d'aucune sorte). C'est ce que nous aurons à déterminer plus au long dans la deuxième partie de cette étude. Au contraire, la fille mariée, même d'un simple bouquet, par le père et la mère, n'aurait plus en principe à prétendre quoi que ce soit sur leur fortune : dès lors, la réserve de légitime, ou de mariage avenant, n'a d'autre but que de rétablir à son profit ces mêmes droits dits légitimaires, qu'elle aurait eus légalement si elle ne s'était pas mariée de leur vivant. Dans les deux hypothèses, — mariage avenant de plein droit, — ou mariage avenant réservé, — elle ne se présente point à la succession comme héritière (ses frères seuls le sont) mais comme créancière (1); comme telle, elle ne peut réclamer que cette portion déjà déterminée, consistant au plus dans un tiers. Il y a là deux différences avec la réserve à partage qui confère la qualité d'héritière, et donne aussi parfois une quotité autre que la simple réserve à légitime.

En définitive, cette combinaison se rapproche des deux précédentes, malgré les nuances qui peuvent les distinguer : les parents donnent pour l'avenir, sans bourse délier présentement. Comme nous dirions aujourd'hui, il n'y a pas de dot, mais il y a des espérances. Seulement, ces espérances, il fallait qu'elles fussent formulées : il fallait une promesse réglementant la succession des parents; et c'était encore véritablement doter.

Cette approximative identite du but réalisé devait amener dans la pratique, dans le style courant, une certaine ambiguïté; il pouvait arriver que l'acte par lequel les parents réservaient leur fille sur leur succession s'interprétât également comme réserve à partage ou comme réserve à mariage avenant. Au moment du mariage, ils n'avaient vu, pour ainsi dire, que le résultat en gros, le droit qu'ils lui assuraient, quoique mariée, de réclamer une part dans leur héritage; les particuliers, comme les praticiens auxquels ils demandaient conseil, étaient d'autant plus excusables de manquer ici de

(1) A développer plus tard. V. Hoüard, v° *Filles*, p. 502.

précision, que les meilleurs auteurs s'y trompent eux-mêmes quelquefois et confondent la part légitimaire et la part comme héritière (1). Mais quand vient la liquidation, après le décès qui ouvre les espérances, les intérêts s'éveillent ou s'activent : c'est le moment où les prétentions rivales et les jalousies surgissent dans la famille. Ainsi, avait-il été soutenu que l'expression « *réserve à succession* » n'était pas suffisante pour valoir comme réserve à partage avec le titre d'héritière, et ne conférait que le droit de réclamer la créance de mariage avenant. Mais cette prétention bizarre, et tardivement imaginée dans la doctrine, ne semble pas avoir triomphé (2) : en sorte que, comme nous l'avons supposé jusqu'à présent, réserve à partage et réserve à succession sont synonymes. Au contraire, la clause suivante avait été jugée dans son sens restrictif : le père donne une somme à sa fille en la mariant, *avec réserve à sa succession pour ce qui peut lui appartenir*; or, en général, il ne peut appartenir aux filles qu'un mariage avenant à réclamer de leurs frères, c'est le droit ordinaire de la province; le droit au partage avec titre d'héritière est exceptionnel et ne se présume point (3).

Enfin, la réserve à partage doit se faire au plus tard au jour du mariage; la donation de biens présents et à venir ne peut avoir lieu que par contrat de mariage : c'est du moins absolument incontestable depuis l'ordonnance de 1731. Au contraire, nous savons que les augmentations de dot ou *suppléments de légitime* sont possibles en faveur de la fille déjà mariée : cela peut se faire sans doute par donation ou pro-

(1) Cela tient notamment à ce que leurs quotités sont souvent égales. Il faut d'ailleurs faire une remarque : les réserves dont nous nous occupons ne paraissent directement prévues ni par le Très ancien coutumier, ni par le Grand coutumier. Elles résultent du pouvoir des parents de donner à la fille, dans la limite légale, une dot en la mariant. Les auteurs, dans leur explication des usages, tirent aussi grand parti de la formule de Marculf (L. 2, c. 12). Terrien constate (Liv. VI, ch. III, p. 207) que plusieurs arrêts ont approuvé les réserves à partage.

(2) Pesnelle, Roupnel, t. I, p. 283, note. Arrêt du 16 décembre 1755, rapporté dans : *Traité sur les droits des filles* (anonyme, 1779), p. 208. Flaust, I, p. 272.

(3) Pesnelle, Roupnel, t. I, p. 284, note. Arrêt du 19 janvier 1735, rapporté dans : *Traité* (anonyme) *cit.*, p. 203.

messe d'objets individuellement déterminés, ou de quantités; ne pourrait-on le faire par une réserve de mariage avenant? Nous le croirions ainsi : une fille a été mariée *sine dote;* son père peut encore lui donner des immeubles, lui promettre une somme d'argent ou des meubles; pourquoi serait-il trop tard de lui faire une réserve de légitime, lorsque précisément cette légitime qui ne la rend pas héritière est la mesure de droit commun à laquelle sont toujours réductibles les dons ou promesses antérieurs ou postérieurs au mariage (1)?

Théorie de la réserve à partage.

Après avoir rapproché dans leurs caractères généraux, la réserve à partage, la réserve de légitime, et la donation de biens présents et à venir, il faut étudier d'une manière spéciale la réserve à partage ou à succession : elle touche directement aux principales questions du système successoral.

A. *Droits respectifs de la fille et de ses frères.*

Réservée à la succession de ses parents, ou de l'un d'eux, la fille n'acquiert point les mêmes droits que ses frères. L'esprit de la coutume ne fléchit guère. Les filles passent, en se mariant, dans une autre famille, tandis que les fils continuent par eux et leur descendance les travaux et le nom de la famille d'origine : aussi sont-ils légalement seuls héritiers; exceptionnellement admises comme héritières par l'expression de la volonté paternelle, leurs sœurs n'obtiennent ce titre qu'avec une quotité moindre et une qualité inférieure; elles sont presque considérées, malgré tout, comme *étrangères en la succession* (2) à laquelle on les a réservées.

I. — C'est la double formule bien connue, et non point le principe d'égalité *pro numero capitum*, qui règle le partage des immeubles : les sœurs, toutes ensemble, ne peuvent avoir

(1) La difficulté s'était, selon toute apparence, peu présentée dans la pratique, car les auteurs normands ne la discutent pas. Cp. cependant Basnage, I, p. 399, sur un arrêt du 27 juin 1681. — Cp. Boullenois, *Traité des statuts*, obs. XVIII, p. 327.

(2) Basnage, sur art. 271, t. I, p. 442.

plus que le tiers de la succession; chacune d'elles ne peut avoir plus qu'un frère le moins prenant.

Mais ce n'est pas tout, et voici une nouvelle base de calcul qui tend encore à amincir leur portion. De plusieurs filles, l'une a été réservée, l'autre a été mariée sans réserve et peut-être sans dot. Elles compteront toutes deux dans le fractionnement de la succession; mais la première ne prend que sa part, et celle de la deuxième accroît aux frères seuls (1). C'est toujours la même pensée : une part limitée du patrimoine paternel peut être consacrée au mariage des filles; faute d'avoir servi à cet emploi, pour une ou plusieurs, elle revient de droit aux vrais continuateurs de la maison, aux fils.

Enfin, parmi les privilèges de l'aîné (2), figure en Normandie un préciput roturier, bien différent sans doute du préciput noble, et cependant caractéristique; car il se rattache intimement, pensons-nous, à l'idée normande qui nous occupe en ce moment : « *S'il n'y a qu'un manoir roturier aux champs*, anciennement appelé hébergement et chef d'héritage, en toute la succession, l'aîné peut *avant que faire les lots et partages*, déclarer en justice qu'il le tient, avec la cour, clos et jardin, *en baillant récompense* à ses puînés des héritages de la même succession; en quoi faisant, le surplus sera partagé entre eux également... (3). » C'est le « logis » susceptible de servir d'habitation au chef de la famille; or, c'est l'aîné qui la personnifie

(1) Art. 257. « Fille mariée, avenant que ses sœurs soient reçues à partage, *fait part au profit* de ses frères, pour autant qu'il lui en eût pu appartenir au tiers dû aux filles pour leur mariage, encore qu'il ne lui fût rien dû lors du décès de ses père et mère. » — Art. 362 : « Filles mariées, encore qu'elles ne reviennent à partage, si elles n'y ont été expressément réservées, si est-ce qu'elles font part, d'autant qu'il leur en appartiendrait, au profit des héritiers, telle comme si elles avaient eu partage au lieu de mariage. » — Et, comme conséquence, art. 50 des Placités : « Le frère doit rapporter ce qui a été donné à sa sœur en faveur du mariage quand elle fait part à son profit. » V. Basnage, sur 257 et sur 362.

(2) Préciput noble : art. 337 et s.; Saisine, art. 237, 350. — Nous ne parlons ici que de la coutume générale et non de la coutume de Caux, qui est bien plus favorable à l'aîné (V. tit. XII de la coutume : *Des successions en propre au bailliage de Caux*).

(3) Art. 356. — L'article était appliqué d'une manière restrictive. V. Basnage, sur ce texte. Pesnelle, sur ce texte, I, p. 384. Cp. Glasson, *Hist. du dr. de l'Angleterre*, t. II, p. 265. — *Grand coutumier*, c. 26 : « Capitale herbergagium primogenito remanebit..., clausum autem, sive gardinum, vel

dans ses droits et ses charges, de préférence aux cadets (1); ceux-ci, comme autant de rameaux détachés, pourront créer ailleurs de nouvelles souches. Mais pourtant, tous ensemble sont la famille qui subsiste, alors que les sœurs, « qui trouvent des logements chez leurs maris (2), » sont entrées dans les familles de leurs époux et portent un autre nom. Tous, par suite, comme autant d'aînés, exerceront le préciput vis-à-vis de leurs sœurs, de même que l'aîné l'exerce vis-à-vis des puînés. Leur droit est même plus effectif que celui de l'aîné : « Les sœurs ne peuvent rien demander aux manoirs et masures logées aux champs, que la coutume appelait anciennement *ménages*, s'il n'y a plus de ménages que de frères... (3). » Et, d'une part, y eût-il plus de « ménages » que de frères, ceux-ci n'en commencent pas moins par prendre et choisir chacun le leur, sans qu'il en soit de même de leurs sœurs; les manoirs ou logements qui restent entrent seulement dans la composition des lots comme les autres immeubles; d'autre part, les frères ne doivent aucune récompense : à la différence de leur aîné, qui les indemnise de son préciput roturier (4), ils jouissent d'un avantage sans indemnité; c'est bien un véritable prélèvement avant partage (5).

hortus, eidem remanebit, dum tamen fratribus legitimam fecerit excambiationem super hoc ad valorem; cætera autem omnia portionibus adæquentur. »

(1) « L'aîné est le principal héritier, c'est lui qui doit pourvoir à maintenir et à faire subsister toute la maison dont il est le chef. » Pesnelle, sur 237.

(2) Basnage, t. I, p. 442.

(3) Art. 271. Pesnelle sur ce texte. — Sur la définition de la *masure* (mansura, masnagium, etc...), V. L. Delisle, *Études sur la condition de la classe agricole*, p. 35. — *Grand coutumier de Normandie*, ch. XXVI : « In maisnagiis non possunt sorores aliquod reclamare, nisi plura esse constiterit maisnagia quam fratres. »

(4) En calculant du moins sur la valeur en revenu, et non sur la valeur intrinsèque, ce qui est plus favorable a l'aîné. Basnage, I, p. 443.

(5) Ainsi jugé : Basnage, Pesnelle, sur 271. — Comment combiner l'art. 356 et le préciput roturier de l'aîné vis-à-vis des puînés, avec l'art. 271 et les préciputs des frères vis-à-vis des sœurs? V. Flaust, I, p. 277 et s.

Nous pourrions ajouter une nouvelle différence entre les fils et les filles réservées à partage. Quand il n'y a que des fils, le plus jeune compose les lots, puis chacun, par ordre d'ancienneté d'âge, est admis à critiquer les allotissements et à choisir le sien (art. 350 à 355). Or, les filles réservées à partage sont toujours considérées comme puînées; elles ont la tâche des parts à faire et leurs frères ont la prérogative du choix. Pesnelle, sur 269. De La Tournerie, I, p. 330.

II. — *Fiefs.* — On ne sera pas étonné, au cas de fiefs, que les règles des successions nobles (1) puissent encore amoindrir davantage le rôle et les droits des filles réservées à succession. Il ne s'agit ici, du moins autant que possible, que de brèves explications : autrement, les règles des fiefs nobles (2) en Normandie dépasseraient les limites que nous devons nous tracer.

Supposons préalablement une succession avec fiefs, mais à laquelle viennent, ou seulement des fils, ou seulement des filles; ainsi pourrons-nous régler ensuite le concours des uns et des autres.

S'il n'y a que des fils, l'aîné choisit par préciput telle terre noble que bon lui semble dans chacune des successions paternelle et maternelle, c'est alors toute sa part en immeubles, il laisse entièrement tout le surplus (3). Mais, après lui, le second frère et ensuite les autres, chacun à leur rang, exercent un semblable droit de préciput, tant qu'il subsiste, après les prélèvements antérieurs, des fiefs dans la succession (4).

(1) C'est la qualité seule des biens, fiefs ou rotures, et non la condition des personnes, nobles ou roturières, qui détermine le mode de partage des successions. Pesnelle, Roupnel, Introd. du tit. XIV, *De partage d'héritage.* C'était le droit commun, notamment coutumes de Paris et d'Orléans. V. Pothier, édit. Bugnet, VIII, p. 44. Mais il y avait des exceptions. V. 541 de la cout. de Bretagne, et d'Argentré, sur cet art., pp. 109 et 217.

(2) Sur les fiefs ou fieux roturiers, V. Viollet, *op. cit.*, p. 548, note 5; p. 552, note 4; p. 725. — Toutes les terres roturières suivent en matière de successions les règles précédentes; mais on peut considérer le préciput roturier comme le similaire du préciput noble et le rattacher historiquement à une origine semblable : Voy. Hoüard, v° *Préciput*, t. III, p. 513 et s.

(3) Art. 337-338. *Adde :* 343, 347, 348. Ce système de *préciput noble exclusif de toute autre part* (tellement que l'art. 341 ajoute : « L'aîné ou autre ayant pris préciput, avenant la mort de l'un des puînés, ne lui peut succéder en chose que ce soit de la succession; ains lui succéderont les autres frères puînés... ») est exceptionnel. — D'ordinaire, le droit d'aînesse donne : un manoir à choisir, une certaine quantité de terre autour, une part avantageuse dans le surplus des biens nobles (2/3 ou 1/2 pour les coutumes de Paris et d'Orléans). V. Pothier, édit. Bugnet, VIII, p. 53, et I, p. 125. — « Le château ou principal manoir, avec le pourpris : qui sera le jardin, coulombier, et bois de décoration, et outre les deux tiers... ». Coutume de Bretagne, art. 541. D'Argentré, p. 216.

(4) Art. 339, 344. — Ordinairement, il n'y a que l'aîné qui exerce un droit d'aînesse. Pothier, VIII, p. 44.

Cette série de choix accomplie, les puînés partagent entre eux le reste des biens héréditaires. — Mais ces règles ne sont point obligatoires, et malgré l'intention générale de la coutume, les fiefs se partagent même entre mâles cohéritiers quand ils ne les veulent « opter par préciput (1). » — Et enfin, quand il n'y a qu'un fief ou des fiefs dans la succession, sans autres immeubles (ces fiefs étant pris par les aînés), tous les cadets ensemble ont provision du tiers, à vie seulement (2).

N'y a-t-il, au contraire, que des filles : le fief se divise, ou du moins peut se diviser « si autrement les partages ne peuvent être faits (3). » Il peut se trouver des rotures ou des rentes suffisantes pour faire des lots sans morceler le fief; mais l'aînée ne pourrait forcer ses sœurs à recevoir en argent l'équivalent de leur part pour garder seule la terre titrée (4).

La division du fief suppose que l'essence même du fief est répartie entre les copartageantes, « chaque lot prenant

(1) Arg., art. 342. Pesnelle, sur ce texte, I, p. 367.

(2) Art. 346. Ceci est encore bien différent du système ordinaire du droit coutumier : Pothier, VIII, p. 61.— Même solution si, les fiefs prélevés, il reste si peu que les puînés préfèrent le délaisser pour demander rente viagère. — La controverse s'était élevée de savoir si ce tiers s'exerçait uniquement sur le dernier fief choisi par le moins âgé des privilégiés, ou sur tous les fiefs réunis : dans ce dernier sens, Pesnelle, t. 1, p. 379. Hoüard, v° *Préciput*, t. III, p. 517.

(3) Art. 360 : « Les sœurs quand elles sont héritières, peuvent partager tous fiefs de haubert jusqu'à huit parties, si autrement les partages ne peuvent être faits. » Junge, art. 272, 336. Mais, comme l'indique ce dernier texte, la division ne peut dépasser huit parts; autrement les parts plus nombreuses perdraient leur qualité de fief. « Se ung fief de haubert est par partage despechié en plus de VIII pièches, comme se le fieu venoit tout aux filles et elles fussent plus de VIII, il conviendrait que chacune en eust sa part égalle; et en ce cas nulles des parties n'aura court ne usage, mais sera d'illec en avant tenu comme fieu villain; et se rachatera par acres comme fieu villain, et le court et usage revendra au souverain. » *Coustume, stille et usage, au temps des Echiquiers de Normandie* (Marnier, 1847), ch. XLIV, p. 42. — On s'était demandé si la divisibilité s'appliquait même aux *fiefs de dignité*, duchés et pairies, marquisats et comtés. Mais Basnage (sur 336, t. I, p. 511), esquissant le changement politique et la décadence de richesse survenus dans ces fiefs, se refuse à admettre aucune raison de distinguer. Pesnelle, Roupnel, t. I, p. 393, 394, note.

(4) Pesnelle, h. l. Basnage, sur art. 360.

titre et qualité de fief (1). » C'est la tenure par parage (2). La plus âgée entre les sœurs, sans avoir de préciput comme un aîné entre frères (3), se trouve cependant investie des prérogatives d'aînée paragère, et aussi des responsabilités, pour le compte des puînées et de leurs représentants, vis-à-vis du seigneur supérieur (4).

Et maintenant, nous allons supposer, dans une succession avec fiefs, la présence simultanée de fils et de filles réservées à partage. C'est une des thèses les plus complexes du droit normand. Un point capital, et du reste incontestable, c'est que jamais elles ne pourront contraindre leurs cosuccesseurs à partager les fiefs (5). Si la coutume en permet la division entre frères, quand les intéressés, qui pourraient l'empêcher en exerçant leur préciput, préfèrent une part commune dans une hérédité abondante, et comptent ainsi tenir mieux leur

(1) Pesnelle, sur art. 137 et sur art. 336. — Tout est alors divisé, et chacune des parties peut avoir « droit de cour et usage, juridiction et gage-plège, » art. 338; mais le droit de colombier doit entrer tout entier dans un seul lot (art. 137). Hoüard, v° *Succession*, t. IV, p. 273, indique des *honneurs* qui ne se partagent pas, et doivent rester à l'aînée « qui tient son titre de la nature. » L'aînée choisit aussi son lot la première. Pesnelle, Roupnel, t. I, p. 299, n. 1.

(2) Art. 127 et s.

(3) Il n'en était pas ainsi autrefois. Cf. *Tr. anc. cout.*, ch. VIII, *De portione fratrum*, n° 5 : « Nec feodum lorice, nec serjanteria, que ad dominium Ducis pertinet, nec baronia partientur. Vavassoria et laicum tenementum (texte français : le vilain tènement) et burgencia juxtà consuetudinem patriæ partientur. — Ch. IX, *De portione sororum*, n° 1 : « Omnia tenementa, si contingat descendere ad sorores, equaliter partientur (et tria predicta, que partiri non possunt), ità tamen quod *soror primogenita habebit masnagium capitale,* et de eà tenebunt alie sorores. »

(4) Art. 128, art. 130 : « Par les mains des aînés, paient les puînés les reliefs, aides, et toutes redevances aux chefs-seigneurs, et doivent lesdits puînés être interpellés par les aînés, pour le paiement de leur part desdits droits. » Sur le parage, en général, Viollet, *op. cit.*, p. 724, et pour les règles spéciales à la Normandie, Basnage, sur 127. — La *garde* du seigneur persiste plus longtemps au cas de filles héritières que de fils. Art. 196 : « quand le frère aîné est âgé, la garde de tous les fiefs de la succession finit, combien que les puînés soient encore en bas âge... » Art. 234 : « La fille aînée mariée, ou ayant accompli l'âge de 20 ans, ne tire pas ses sœurs puînées hors de garde, jusqu'à ce qu'elles soient mariées ou parvenues à l'âge de 20 ans... »

(5) Art. 269 *fine*.

rang social (1); — si elle la permet surtout entre sœurs parce que l'infériorité féodale des femmes ne remplit pas le but du droit d'aînesse, — elle ne pouvait pas, par ces raisons mêmes, porter atteinte à la nature du fief, au gré des sœurs, malgré les frères. Aussi, première conséquence : si la succession comprend des fiefs, et des biens *partables* (divisibles), c'est sur ces biens qu'elles exerceront leur droit. Deuxième conséquence; au cas contraire, s'il n'y a que des fiefs, on leur fera une rente, en équivalent de ce qui peut leur revenir. Tout cela est logique, il y a harmonie dans la loi. Mais l'application est parfois malaisée. Reprenons les deux hypothèses.

1. Succession comprenant à la fois des fiefs et des biens *partables*. — Ou bien les fiefs sont choisis par préciput par l'aîné, puis par les plus âgés qui le suivent, à leur tour de rôle : les sœurs partagent avec les puînés les rotures et immeubles divisibles; cela est conforme à nos principes : chaque sœur ne peut avoir plus qu'un frère puîné, mais peut avoir autant (2). Ou les fiefs sont mis en partage, faute par les préciputaires d'user du droit d'aînesse : les fils ne peuvent être contraints de les partager avec les filles qui doivent prendre, à concurrence du montant de leur droit, des biens roturiers (3).

2. Succession comprenant seulement des fiefs. — S'il n'y avait, outre les préciputaires, que des fils, tous ces puînés ensemble auraient une sorte de pension viagère, fixée au tiers du patrimoine, « *provision du tiers à vie* sur le fief (ou les fiefs), les rentes et charges de la succession déduites (4). » S'il n'y avait, à l'inverse, outre les fils préciputaires, qu'une fille réservée (ou plusieurs), elle aurait sa part « sur le fief, lequel... est évalué en deniers, pour ce qui lui peut appartenir,

(1) Le préciput noble étant exclusif de toute autre part, le choix d'un fief pourrait donner moins au préciputaire qu'une part simple dans l'ensemble des valeurs héréditaires. L'exercice du préciput serait alors un mauvais calcul.

(2) Pesnelle, sur art. 361, t. I, p. 395. — Jugé cependant : quand une fille est réservée à partage, et qu'elle a deux frères, si l'aîné prend un fief par préciput, la part de la fille dans le surplus n'est pas de la moitié, mais du tiers. Arrêts 1725, 1746. *Traité des droits des filles* (anonyme), p. 216.

(3) Pesnelle, h. l.

(4) Art. 346.

pour en avoir *rente au denier vingt* (1), » et par conséquent rente perpétuelle et non pas à vie, comme ci-dessus. Comment faire le compte, quand nous aurons simultanément des puînés et des sœurs, héritiers pour ainsi dire déshérités, puisqu'il ne reste rien pour eux, et qu'il faut prendre leur rente ou leur provision sur leurs aînés plus heureux? on peut dire que la difficulté est insoluble, et que les commentateurs n'en parviennent pas à dégager les nœuds. L'un d'eux implore le grand secours, la solution d'autorité par arrêt de règlement (2). Basnage (3), toutefois, se tire d'embarras par un procédé simple : il calcule le tiers du fief, puis divise ce tiers en autant de fractions qu'il existe de puînés et de sœurs; soit deux puînés et trois sœurs : le tiers se répartit en cinq parties égales (pour chaque part 1/15); et alors, chacun des puînés, comme chacune des sœurs, a la jouissance, en argent, d'un quinzième. Mais pour ceux-là, par l'art. 346, ce ne sont que des revenus à vie; pour celles-ci, par l'art. 269, c'est une part en propriété, autrement dit une rente perpétuelle. Et l'auteur ajoute que c'est le seul cas où la condition d'une fille, sans consister cependant dans une portion numériquement plus forte, est meilleure que celle d'un fils.

III. — *Bourgages.* — Mais nous n'avons jusqu'ici parlé que d'héritages ruraux. L'impression change en abordant les villes et les bourgades : d'autres vues y animent la législation. On appelait *bourgages* les territoires des bourgs, des villes, et quelquefois de certaines circonscriptions rurales, qui dérogeaient sur des points importants à la coutume générale (4);

(1) Art. 361, 269.

(2) Roupnel, sur Pesnelle, I, p. 396, note avec indication des divers systèmes. *Adde :* Flaust, I, p. 282.

(3) Basnage, sur 269, t. 1, p. 440.

(4) L. Delisle, *op. cit.*, p. 39. Cauvet, *Rev. de législ.*, 1847, II, p. 155. — Il ne faut pas confondre ce que nous disons des bourgages avec le cas de coutumes locales. Les coutumes locales, variées, sont indépendantes entre elles, aussi bien qu'à l'égard de la coutume générale. Le droit des bourgages, qui fait sans doute exception à la coutume générale, est le même pour toute la Normandie, et constitue un droit commun qui ne varie pas de bourg à bourg. Il y a, du reste, des usages locaux sur les droits des filles (V. les textes dans le *Traité* (anonyme) *sur les droits des filles en Normandie*, p. 122). Le pays de Caux a une législation toute spéciale en matière de succession (titre XII de la coutume).

pratiquement, ce pouvait être une question discutée de savoir si telle localité devait ou non être considérée comme bourgage, et la difficulté, que plusieurs arrêts furent appelés à trancher, trouvait sa solution dans l'examen des usages (1). On peut dire, pour essayer d'en définir la tendance, que les campagnes ont mieux reçu, puis gardé les véritables traditions; leurs institutions, qu'il s'agisse du noble ou du vilain, sont empreintes de l'esprit féodal; tandis que les bourgages, au contraire, reflètent des principes plus libres, et accueillent mieux les idées d'égalité; sans doute, les campagnes ont vu s'atténuer, dans le sens d'un affranchissement marqué, par le mouvement du temps et des mœurs, la rigueur de leur condition (2); comme à l'inverse, les bourgs ne se sont pas dégagés de toutes inégalités (3). Mais les caractères sont nettement tranchés. Nos anciens auteurs ont quelque peine à distinguer *bourgage* et *alleu, bourgage* et *bourgeoisie;* il y a là, en tout cas, une idée d'indépendance qui assigne aux bourgages une place originale dans la constitution de la propriété normande (4). Nous constaterons, à l'appui de cette distinction, nettement écrite au surplus dans les textes : au point de vue de la condition des immeubles, l'exemption pour les biens

(1) Bérault, I, p. 696. Pesnelle, Roupnel, I, p. 297. Mais cp. Hoüard, v° *Bourgage.*

(2) Prompte suppression du servage. L. Delisle, *op. cit.*, p. 18. Progrès du bail à ferme, L. Delisle, *op. cit.*, p. 51. Baudrillart, *Les populations agricoles de la Normandie*, p. 53 et s. Gr. Cout., ch. CXIV, *De feodo et firmâ.*

(3) On en a un exemple en notre matière : la fille non réservée à partage n'a pas plus d'avantage pour son mariage avenant en bourgage que hors bourgage : elle y reste l'inégale de son frère. Placités, art. 51. Cp. la jurisprudence, dans La Tournerie, sur 270.

(4) V. Pesnelle, t. I, p. 148. Basnage, t. I, p. 151, col. 1. Gruchy, *op. cit.*, p. 96, note 2. Cp. Glasson, *op. cit.*, t. II, p. 264. Laboulaye, *Recherches sur la condition civile et politique des femmes*, 1843, p. 351. — Malgré les indications de Denisart, v° *Bourgage*, n° 7, et v° *Bourgeoisie*, n° 2, il ne faut point confondre surtout dans le dernier état, bourgage et bourgeoisie. Le *bourgage* désigne la condition des biens, et ressemble à l'*alleu*. Le mot *bourgeoisie* désigne les privilèges, et notamment les privilèges de juridiction, appartenant aux habitants de villes ou de bourgs ayant le droit de *communes*. Ajoutons que le droit de *bourgage* était assez fréquent en Normandie, et qu'au contraire, le droit de *communes* s'était effacé devant l'autorité royale (Voyez Hoüard, v° *Bourgeoisie*, et v° *Communes*, 1°). Cependant la coutume emploie le mot *bourgeoisie* comme synonyme de *bourgage* (art. 297).

sis en bourgage des droits seigneuriaux, quand même en fait et exceptionnellement ils relèveraient d'un fief (1); — au point de vue du régime matrimonial, le droit pour la femme à la moitié en propriété des conquêts de bourgage (2), alors qu'elle n'a de droit commun que le tiers en usufruit; — au point de vue des successions, l'égalité des partages (3); les immeubles se divisent également entre frères et sœurs reçues à succession (4); il n'y a plus de limitation au tiers pour la part totale des filles; il n'y a plus de préciput au bénéfice des fils (5).

IV. — On aperçoit l'enchaînement de principes différents dans cette variété de systèmes : rotures et fiefs dans les campagnes, et d'autre part bourgages. Du premier au dernier échelon des tenures, le fief et les rotures attachent au sol le possesseur, et par lui l'assujettissent, noble ou vilain, à des devoirs ou à des services, vis-à-vis d'un supérieur (6). Et dès

(1) Art. 138. Pesnelle, sur cet article. Cp. Chénon, *Étude sur l'hist. des alleux en France*, p. 155.

(2) Art. 329.

(3) Art. 270. Applications importantes du bourgage dans l'étendue du bailliage de Caux, où l'on peut dire que la coutume était restée préciputaire à outrance et en faveur de l'aîné seul. Cp. art. 279 et s.

(4) Cette différence dans le mode de partage des immeubles, suivant qu'ils sont sis en bourgage ou hors bourgage (ou encore hors de la Normandie), amenait certaines difficultés pour plusieurs sortes d'immeubles incorporels, et au premier rang pour les rentes. V. Bérault, t. I, p. 615, note. Basnage, t. I, p. 441. Pesnelle, p. 298, note.

Les meubles, après controverse (Bérault, h. l.), se partagent en portions égales. Placités, art. 49.

Quant aux héritages de franc-alleu, ils se gouvernent dans le partage, comme ceux tenus en bourgage. Pesnelle, Roupnel, I, p. 298, note. Cp. Basnage, I, p. 151, col. 2. Les questions relatives à l'alleu sont fort incertaines en Normandie. V. les commentateurs, sur art. 102. Chénon, *op. cit.*, p. 155, 162. Ces incertitudes sont d'ailleurs fort anciennes. V., sur la difficulté même d'en établir le sens : L. Delisle, *op. cit.*, p. 41.

(5) Art. 356, 271. Mais on applique, même en bourgage, la règle de l'article 257 : « Fille mariée avenant que ses sœurs soient reçues à partage, fait part *au profit de ses frères...* » (Basnage, sur 362).

Sur les tenures par bourgage, avec les conséquences que nous avons indiquées au texte : *Grand coutumier,* c. 31.

(6) Les rapports de seigneur à vilain, les corvées et les redevances, ont été très tôt, en Normandie, organisés aussi régulièrement que les services du fief noble : L. Delisle, *op. cit.,* p. 19. V. au reste, en entier, les deux pre-

lors, tout converge vers un but : assurer pour toujours la constante exécution de tous ces engagements ; car c'est sur eux que repose la société, qu'elle vit, et qu'elle fonctionne; et ils tiennent à la terre, qui voit incessamment passer les générations, mais qui reste pour perpétuer leurs liens. De là les privilèges : ils évitent le morcellement et fournissent des répondants capables (1). Avec le temps, les bases de cet ordre hiérarchique perdront leur importance : le principe continue à porter ses fruits; si les faits et les mœurs ont changé, on voit germer puis grandir une nouvelle idée qui reprend pour elle-même les règles anciennes, sauf à les modifier quelque-

miers chapitres, état des personnes, état des terres; Couppey, dans *Mémoire de la Société royale académique de Cherbourg*, 1838, p. 33 et s. — Comparez, sur l'importance de l'idée émise au texte, en toute sorte de successions, Hoüard, *op. cit.*, *passim*, et notamment v° *Préciput*, *initio*. D'un autre côté, la coutume de 1583, « toujours occupée du soin de maintenir le lustre des familles, » comme dit Roupnel de Chenilly, dans sa *Préface*, conserve en même temps l'empreinte de plus de féodalité pure que la plupart des autres coutumes : c'est ainsi que par les préciputs sur les fiefs, elle tend principalement à ne pas les diviser; c'est la nature intime de l'ancien fief; tandis que les autres coutumes ont plutôt fait du droit d'aînesse un avantage pécuniaire et une part plus belle pour l'aîné, sans s'inquiéter beaucoup de la division du fief. Cf. Cauvet, *Rev. de législ.*, t. XXXII, p. 79 et s.

(1) Ce n'est pas à dire que les privilèges soient uniquement défavorables aux filles seules, ni que tel ait été le seul moyen de donner à qui de droit des répondants. — D'une part, la situation des fils puînés peut être également très amoindrie; nous l'avons vu principalement dans le cas de succession aux fiefs; pour les biens de toute nature sis au bailliage de Caux, l'aîné a les deux tiers (art. 279, 295 de la cout.); anciennement même, l'aîné y prenait la succession totale à la charge de pourvoir à la vie de ses puînés, s'ils étaient nobles, ou de leur faire apprendre un métier, s'ils étaient roturiers, de même que nous voyons dans la coutume générale les frères prendre toute la succession, à charge de marier leurs sœurs, si elles ne le sont (Hoüard, v° *Préciput*, sect. 3, *Préciput en Caux*. Terrien, liv. VI, ch. IV : D'eschéance d'héritage assis au pays de Caux. Réforme demandée sur ce point dans les cahiers du clergé du bailliage de Caux, et des corporations du Hâvre : Hippeau, t. I, p. 259-10°; et p. 288, n. 3). — D'autre part, une succession roturière a été divisée également entre frères, il peut y avoir *aînesse*, c'est-à-dire charge réelle, pour le possesseur d'une portion, de répondre au seigneur pour la totalité, sauf son recours contre les autres (Hoüard, v° *Aînesse*. Terrien, liv. V, ch. II, p. 172). On a ingénieusement rapproché les *aînesses* roturières de la tenure par parage des fiefs nobles (Delisle, *Études sur la condition de la classe agricole*, p. 33. Viollet, *op. cit.*, p. 725). Cf. Une question de droit féodal normand : les Vavasseurs, par M. Henry de Motey.

fois : l'idée des biens à concentrer, à conserver indéfiniment dans les mêmes familles (1). Mais cette idée, que mettent en relief les commentateurs de la coutume normande, a dérivé de la pure théorie féodale : elle ne s'est point implantée dans les bourgages, où la féodalité avait moins de racines (2) ; il est vraisemblable, d'ailleurs, que dans les villes et pour la propriété industrielle ou commerciale, on attachait moins d'importance au morcellement des fortunes (3). Là, il est vrai de dire que si la fille n'a pas légalement les mêmes droits que le fils, le père du moins peut les lui donner.

Sans doute, le bourgeois, le commerçant, l'habitant de la ville, comme le seigneur ou le propriétaire rural, peuvent se préoccuper de ce but cher à la Coutume et à ceux qui l'expliquent : la richesse perpétuée, — et par elle la grandeur ou le bien-être, — au moyen de l'exclusion des filles, par laquelle on évite le fractionnement excessif du patrimoine. Si telle est leur pensée, ils n'ont qu'à laisser s'accomplir le droit commun. Avec une réserve à partage, le père établit en bourgage une égalité absolue entre tous ses enfants ; mais s'il ne veut point faire de réserve, ses filles n'auront, mariées de son vivant, que ce qu'il leur aura donné ; mariées après son décès, elles n'auront que le mariage avenant ordinaire, calculé comme s'il n'y avait pas prérogative de bourgage.

Non seulement donc, la fille n'est point de droit héritière, mais même, quelle qu'ait été, sauf en bourgage, la volonté des parents, elle n'a jamais et ne peut jamais avoir, comme dotée ou réservée, que des droits inférieurs, en nature et en quotité, dans le patrimoine des ascendants. Le mieux est toujours, au point de vue de la coutume, que les frères aient le

(1) Laboulaye, *Rech. sur la cond. civ. et pol. des femmes*, p. 213.

(2) Sans doute, nous croyons que les coutumes d'origine barbare doivent être considérées comme la base première de notre système successoral (Cf. Kœnigswarter, *De l'organisation de la famille en France*, p. 250 et 3). Mais l'influence de ces coutumes fondamentales ne devait fructifier que dans un milieu propice ; elle devait languir, au contraire, dans la partie non féodale du régime normand. L'idée germanique, puis l'idée féodale, et enfin l'idée de la perpétuité des familles règnent successivement en dehors des bourgages, au préjudice de la fille, en matière de successions : les bourgages tendent à s'en affranchir.

(3) Cp. Glasson, *Hist. du droit et des institutions de la France*, t. II, p. 72. Dareste, *Études d'hist. du dr.*, p. 291.

plus possible. Les adages populaires, qui savent traduire et graver en courtes maximes les usages et leurs résultats pratiques, avaient bien saisi ces idées. « Marie ta fille en Normandie (1), » disait-on à Paris; car elle y trouvera de riches prétendants (2). Le Normand disait « Marie ton fils à Paris : » les mêmes causes, les mêmes textes, qui faisaient de lui un parti avantageux pour l'étrangère, interdisaient aux normandes les grosses dots et l'espoir d'une belle part de succession.

Nous ne pouvons quitter ce sujet sans faire une réflexion. On a remarqué que les institutions de la fin de l'ancien régime, en matière héréditaire, ont surtout servi à la noblesse ou à la haute bourgeoisie, afin de conserver dans leur race, avec leur nom, la puissance de la fortune (3). Cet aperçu n'est point complet et ne serait pas rigoureusement vrai pour la Normandie. Ailleurs, il en pouvait être ainsi, quand les filles avaient en principe sur les biens roturiers les mêmes droits que leur frère; en les mariant avec une dot, on obtenait d'elles une renonciation à succession au profit de ce dernier : c'était une combinaison à laquelle sans doute les modestes villageois ne pensaient guère à recourir. Mais, dans notre pays (4), la coutume, plus tenace dans ses anciennes traditions, en écartant la fille de la succession, consacre de plein droit et pour tous le même résultat : à tel point qu'on n'y peut déroger que par une réserve formelle, et encore d'une manière imparfaite. C'est à tous, sans distinction de classes et de situations (au moins en dehors des bourgs), qu'elle impose son système : elle l'applique à ceux dont le travail pénible a amassé quelques épargnes, comme à ceux dont les châteaux ou les manoirs illustrent la province. Il y a là une théorie d'ensemble, une combinaison d'ordre général : c'est la famille, quelle qu'elle soit, ce n'est pas uniquement la famille aux vastes possessions foncières, aux revenus opulents, qu'on veut

(1) *Traité des contrats de mariage*, 4e éd., Serieux, t. II, p. 318.

(2) « Fille mariée, fille appanée, mais non par tout pays. » « Appaner, c'est donner du pain. » — *Les axiomes du droit français par le sieur Catherinot*, Jacques Flach, dans *Nouv. Rev. hist.*, 1883, p. 59.

(3) Kœnigswarter, *op. cit.*, p. 252, 266. Laboulaye, *op. cit.*, *passim*, pp. 245, 308, 352.

(4) Cp. quelques coutumes analogues, Klimrath, p. 144.

établir sur des bases solides et durables. La division des grands domaines, et celle des petits patrimoines, sont également restreintes.

On restreignit également, et toujours dans le même but, la liberté d'aliénation : c'est ce que nous allons constater.

B. *Du tiers coutumier et de la promesse de garder succession.*

La réserve à partage ne fait point de la fille l'égale de ses frères cohéritiers. Ceci mis à part, il faut envisager à d'autres points de vue la portée de cette réserve. Le droit qu'elle donne, évidemment, ne s'ouvrira qu'au décès du disposant, sur la succession telle quelle à cette époque, enrichie ou ruinée; malgré l'espérance de l'héritière, le père reste maître de son bien, libre par suite d'aliéner ou de s'endetter valablement. Si nous en faisons la remarque, c'est moins pour relever le principe qui ne peut être contesté (1) que pour montrer certains tempéraments importants dont il est susceptible.

1. *Tiers coutumier.* — L'article 399 de la coutume de 1583 s'exprime ainsi : « La propriété du tiers de l'immeuble destiné par la coutume pour le douaire de la femme, est acquis aux enfants du jour des épousailles...; et néanmoins la jouissance en demeure au mari sa vie durant, sans toutefois qu'il le puisse vendre, engager, ne hypothéquer; comme en pareil cas les enfants ne pourront vendre, hypothéquer ou disposer dudit tiers, avant la mort du père, et qu'ils n'aient tous renoncé à sa succession (2). » Ce tiers qui porte le nom de *douaire des enfants*, ou de *tiers coutumier*, — mais douaire en propriété alors qu'il est douaire en usufruit pour la femme, — constitue donc en faveur des descendants une réserve (3), excessivement rigoureuse et fort compromettante pour la sécurité des aliénations immobilières. Elle n'est point donnée, comme les autres *réserves* ou *légitimes* que connaissait notre ancien droit, contre

(1) Basnage, I, p. 427.

(2) Conditions d'exercice et effets : Coutume, art. 400 à 403; Placités, art. 85 à 90.

(3) Loysel, *Inst. cout.*, liv. I, tit. III, règle 23. Pothier, éd. Bugnet, VI, p. 447. — Le tiers coutumier n'empêche pas d'ailleurs la restriction, dans des limites plus étroites, des dispositions à titre gratuit.

des actes de disposition à titre gratuit, mais contre tous actes de disposition à titre onéreux; elle constitue pour les biens qu'elle atteint une complète indisponibilité, au moins conditionnelle : s'il y a des enfants au décès (1). Mais elle offre cette autre particularité que l'enfant n'y a droit qu'en renonçant (2) (ce qui se comprend assez; car héritier acceptant, il devrait être tenu de respecter et d'exécuter les actes du *de cujus*). Il doit aussi rapporter toutes donations et avancements qu'il aurait pu recevoir du père (3), et ce rapport profite aux créanciers de la succession qui, du moins, devaient conserver ou retrouver pour gage ce qui n'était pas compris dans le tiers inaliénable. L'article était de droit nouveau. Basnage (4) ne le trouve pas assez libéral pour les enfants, quoique ayant adouci « la rigueur de l'ancienne coutume! » Il disait mieux ailleurs (5) : « La coutume nous a mis en perpétuelle tutelle et nous a presque rendus simples usufruitiers de nos biens; » et Pesnelle a un sentiment plus vrai de la justice et de l'utilité économique quand il critique le tiers légal comme « embarrassant le commerce » et « donnant occasion à la tromperie et à la mauvaise foi (6). » — Quoi qu'il en soit, la jurisprudence

(1) Pesnelle, II, p. 469.

(2) Cp. Cout. de Senlis, art. 176 : « Aucun ne peut être héritier de son père et douairier ensemble. » *Junge :* 251 cout. de Paris (Pothier, VI, p. 467). — « Les enfants doivent faire entendre que leurs ascendants les ont comme déshérités par leur mauvais aménagement ou par leur infortune! » Pesnelle, II, p. 482.

(3) Loysel, *Inst. cout.*, liv. I, tit. III, règles 29 et 31.

(4) Basnage, t. II, p. 101.

(5) Basnage, t. II, p. 213.

(6) Pesnelle, sur l'art. 399. Mais, ajoute son annotateur, l'homme en se mariant ne doit plus se considérer que comme administrateur de son bien, et quant aux créanciers, ils ne peuvent pas ou ne doivent pas ignorer l'état d'un père qui a des enfants. V. h. l. la classification des coutumes sur le caractère du douaire (simple droit viager pour la femme, ou, de plus, droit de propriété pour les enfants). Le douaire des enfants, reçu dans la coutume de Paris, est cependant exceptionnel en droit coutumier (Pothier, VI, p. 445).

Le douaire des enfants admis, la coutume de Normandie est à son tour exceptionnelle :

a) Le droit d'aînesse y est appliqué (art. 402). Au contraire, de droit commun : « En douaire, il n'y a droit d'aînesse. » Loysel, *Inst. cout.*, liv. I, tit. III, règle 28.

b) Ailleurs, le douaire des enfants et celui de la femme sont un seul et

semble bien avoir admis la fille réservée à partage à venir, avec ses frères, le cas échéant, sur le tiers coutumier des biens du père, non point comme cohéritière (puisque ce tiers implique renonciation), mais comme copartageante (1).

2. *Promesse de garder succession.* — Nos auteurs et les textes supposent qu'un ascendant peut *reconnaître l'un de ses enfants pour son héritier en faveur du mariage* (2). Que cela soit utile sous forme de réserve d'une fille à succession, c'est ce qui résulte de nos développements antérieurs; mais en faveur d'un fils « la simple reconnaissance d'héritier n'ajoute rien au droit de l'héritier présomptif, elle seule est peu nécessaire (3). » Mais la reconnaissance devenait singulièrement

même douaire (Pothier, VI, p. 446). Ils peuvent différer en Normandie. Ex.: art. 374 : « Moins que le tiers peut avoir la femme en douaire, s'il est convenu par le traité de mariage. » Cette clause n'empêche pas les enfants d'avoir droit au tiers légal. Pesnelle, Roupnel, t. II, p. 468, n. 2 ; p. 476. Basnage, t. II, p. 104.

c) Enfin, les enfants ont également *douaire du tiers sur les biens de la mère,* art. 404 de la coutume. « Cette seule disposition la pourra rendre digne de ce glorieux éloge de sage coutume qui lui est attribué par plusieurs auteurs, car l'on peut dire véritablement que, par cette disposition, elle a surpassé la sagesse des lois romaines et des coutumes de la France, en ce qu'elle n'assure pas seulement la subsistance des enfants sur les biens du père, mais aussi sur ceux de la mère. » Basnage, t. II, p. 126. Renusson, *Traité du douaire,* ch. v, n° 53. — Nous avons donc pu dire plus haut que l'on prend grand souci de la famille.

(1) *Non obst.* Art. 402 : « N'y pourront avoir les filles que mariage avenant; » la coutume statuerait ainsi seulement dans l'hypothèse d'une fille non mariée ni réservée. D'après Roupnel (sur Pesnelle, II, p. 496) « la réserve à partage s'évanouit quand les frères s'arrêtent au tiers coutumier; et le père stipulerait inutilement que dans ce cas la réserve à partage aurait lieu. » Il invoque en ce sens un arrêt de 1718. Mais Hoüard (*op. cit.,* v° *Filles,* t. II, p. 541) lui reproche d'avoir mal compris l'arrêt, et en indique un autre également contraire au système de Roupnel. — Les filles, qui seraient héritières faute de frères, ont certainement droit au tiers coutumier. Basnage, II, p. 221.

(2) Art. 244.

(3) Basnage, sur 244, I, p. 378. Les deux clauses sont d'ailleurs différentes à un autre point de vue : la réserve à succession ne peut se faire au plus tard qu'en mariant la fille; on admettait, au contraire, que la reconnaissance d'héritier, même avec la promesse dont il va être parlé, peut se faire après le mariage du fils (Basnage, h. l.). Mais cela ne nous paraît guère en harmonie avec la règle du droit commun qui ne permet l'institution contractuelle que par contrat de mariage (Pothier, I, p. 534).

plus efficace quand elle était faite *avec promesse de garder l'héritage à l'héritier*. On peut voir dans cette promesse une sorte d'institution contractuelle (1), subordonnée comme telle à la survie de l'institué (2), mais caractérisée par des effets énergiques :

a) Le promettant perd tout droit de disposer de ses biens; donner, aliéner, hypothéquer, lui sont choses interdites; il n'a plus en quelque sorte que la simple jouissance de ce qui lui appartient (3). On aperçoit dans cette convention, anciennement connue en Normandie (4), à la différence du douaire des enfants, le même esprit prévoyant, et prévoyant à outrance, qui inspire cette dernière institution. Le père, en promettant de garder sa succession, consent à se lier les mains, pour assurer contre lui-même, contre ses mauvaises chances, ou sa dissipation possible, la transmission de ses biens à son héritier. Bien qu'il y ait indisponibilité, plutôt qu'incapacité, on a eu raison de dire que c'était une *interdiction volontaire* (5). — Les usages normands, comme leur loi, tournent sans cesse autour d'un centre puissant d'attraction : la survivance des biens dans la famille, l'avenir de la famille assuré, au détriment des possesseurs actuels et des tiers (6).

(1) Cauvet, *Rev. de législ.*, t. XXIX, p. 144.

(2) L'institué venant à décéder sans enfants avant le promettant, la promesse est caduque, et ne peut être invoquée ni contre le promettant, ni contre ses créanciers, par les héritiers ou les créanciers de l'institué. Ainsi, promesse d'un père à un fils, lequel meurt avant le père et laisse une sœur; celle-ci, comme héritière de son frère (art. 241) ne peut arguer de la promesse. Basnage, I, p. 378.

(3) Art. 244. Toutefois (comme pour le tiers coutumier) l'enfant qui veut profiter de cette promesse doit renoncer.

(4) Terrien, liv. VI, ch. II.

(5) L'expression est de Basnage, il ajoute, t. I, p. 378 : « Elle ne donne aucune atteinte à la réputation des pères; on la doit regarder comme un effet de leur amour et de leur piété. » Toutefois, un peu plus loin (p. 383), il nous la montre employée afin d'éviter une véritable interdiction qui aurait été provoquée pour dissipation.

(6) Il faut noter, toutefois, que la promesse de garder succession doit être insinuée.

Il y aurait d'intéressants rapprochements à faire entre la promesse de garder succession, et :

a) L'institution contractuelle du droit commun : Domat, *Lois civiles*, *Des*

Aussi la liberté des actes à titre gratuit, est-elle expressément restreinte, même en l'absence de toute promesse, surtout quand il existe des descendants. L'homme ayant des enfants ne peut, en principe, disposer par testament que du tiers de ses meubles (1), point de ses immeubles propres, pas même de ses immeubles acquêts. Par donation entre-vifs, il peut toujours disposer du tiers de ses biens, mais du tiers seulement, qu'il s'agisse d'acquêts ou de propres (2).

b) La promesse de garder succession profite non seulement au bénéficiaire direct, mais encore aux autres enfants. La coutume a souvent établi des privilèges; mais quand elle n'a pas elle-même prescrit ou permis les inégalités, elle les écarte rigoureusement; et comme elle n'a point craint d'enchaîner à l'excès la liberté des biens dans le sens conservateur, de même elle n'a point craint de la contenir étroitement dans le sens égalitaire (3). Et, de là, nous arrivons dans la clause qui

successions, préf. n° 10. Loysel, *Inst. cout.*, liv. II, tit. IV, règle 9, et les notes d'Eusèbe de Laurière.

b) La reconnaissance du fils aîné et principal héritier. Loysel, *Inst. cout.*, liv. II, tit. IV, règle 10 : « Reconnaissance générale du principal héritier n'empêche qu'on ne puisse s'aider de son bien; ains seulement qu'on avantage un autre, au préjudice du marié des biens qu'on avait alors. »

c) La démission de biens (Pothier, I, p. 530).

d) L'avancement de succession (Basnage, sur 244. De La Tournerie, I, p. 283).

(1) Art. 418, 419, 420, 423. L'homme qui n'a pas d'enfants peut disposer par testament du tiers des acquêts. Art. 422. V. Pesnelle, Roupnel, sur cet article. Basnage, II, p. 191.

(2) Art. 431. Sur la manière dont ce tiers est calculé, et sur la réduction : art. 440, 441. La survenance d'enfants révoque les donations antérieures, art. 449.

Sur ces matières, Voy. Pesnelle, *Introd. au titre des testaments*, t. II, p. 518; *Introd. au titre des donations*, t. II, p. 552. Cauvet, *Rev. de législ.*, t. XXXII, p. 75. — Il faut, de plus, combiner cette liberté si restreinte de donner ou de tester avec l'interdiction de libéralité entre époux, et la défense d'avantager un des enfants.

(3) Cf. art. 260, 359, 421, 424, 434; Placités, art. 95. L'enfant ne peut se tenir à son don et renoncer à la succession; le rapport est toujours dû (V. les commentateurs sur les art. 424, 434). *Adde : Grand coutumier de Normandie*, c. XXXVI. *De donis factis filiis a patribus*. La coutume doit être considérée comme coutume d'égalité (Cp. Pothier, 8, p. 156. — Glasson, *op. cit.*, VI, p. 261). — Par application de ces principes, « la fille réservée à la succession de ses père ou mère doit rapporter ce qui lui a été donné ou avancé par celui à la succession duquel elle prend part, ou moins prendre » (art. 260).

nous occupe, à ce résultat d'abord contesté, ensuite adopté par un revirement de jurisprudence, et finalement écrit dans l'arrêt de règlement de 1666 (1), que : le père, ne pouvant d'un côté entamer en quelque manière que ce soit la part héréditaire de l'enfant titulaire de la promesse, ne pouvant d'un autre côté rendre la condition d'un de ses enfants plus avantageuse que celle des autres, se trouve, ayant promis expressément à un seul, avoir implicitement promis à tous, de leur garder intactes leurs parts, c'est-à-dire toute la succession immobilière (2).

Tout ceci posé, en réservant une fille à partage, on doit pouvoir en même temps lui promettre de garder la succession, comme on peut le faire en reconnaissant un fils pour héritier; — et, à supposer que le père ait fait une telle promesse à l'un de ses fils, cette promesse qui profite aux autres enfants mâles, doit profiter aussi aux filles réservées à succession, comme telles héritières avec eux. Nous n'apercevons point de principe qui dérange l'application des règles précédemment décrites. Mais la difficulté ne paraît point s'être élevée en pratique, et les renseignements précis nous manquent (3).

C. *Sur quelle succession porte la réserve.*

Il semble qu'on ne puisse réserver que sur sa propre succession. C'est la règle. Mais il y a une grave exception : « Le père peut, en mariant ses filles, les réserver à sa succession, et de leur mère pareillement (4). » Ainsi, le mari gouverne en ce cas la succession de sa femme, seul et sans concours, bien

(1) Arrêt de 1637, arrêt de 1663; art. 45 des Placités : « La promesse faite par le père et la mère, ou autre ascendant, de garder sa succession à l'un de ses enfants, a aussi son effet pour les parts qui doivent revenir aux autres enfants. »

(2) La promesse n'a point d'effet pour les meubles (de La Tournerie, I, p. 285).

(3) Cauvet, *Rev. de législ.*, 1847, II, p. 144 et s. — Nous relevons bien un procès dans lequel une mère, ayant deux filles, avait promis de garder sa succession. Mais, dans ce cas, les deux filles n'ayant point de frères, sont de plein droit héritières, sans réserve à partage.

(4) Art. 258. Cp. Terrien, liv. VI, ch. III.

mieux contre son gré (1). Ceci a lieu de nous surprendre : il ne pourrait vendre les biens de la femme sans son consentement; d'ordinaire, c'est la femme elle-même qui dispose par testament, sur sa succession, qui peut même tester sans recourir à l'autorisation maritale, pourvu toutefois qu'il y en ait clause permissive dans le traité de mariage (2). En vain, pour expliquer un tel pouvoir, en matière de réserve, dira-t-on « que ce n'est pas là proprement une aliénation, mais plutôt un département des biens de la mère à ses enfants, lequel faisant le père, il ne suit que le droit commun et la raison naturelle (3). » L'explication n'est que médiocrement satisfaisante; et le texte doit avoir des racines plus profondes. On se rappelle, en effet, dans le droit anglais, comme aux origines du droit normand, la personnalité de la femme absorbée en celle du mari, la seigneurie du mari sur sa femme, et ce principe « qu'il peut faire à sa volonté de elle, de ses choses et de ses héritaiges. » La progression des mœurs, l'influence active des coutumes voisines, ont altéré le principe, atténué la seigneurie du mari, restitué à la femme sa personnalité : de l'autorité maritale était dérivée la simple autorisation nécessaire pour habiliter la femme aux actes juridiques; encore pourra-t-elle, par une convention matrimoniale, s'en dispenser pour son testament parce qu'il ne produit effet qu'à la dissolution de l'union conjugale (4); il faut à l'inverse combiner la capacité considérée en elle-même avec les conséquences de l'inaliénabilité dotale qui prévient les abus de pouvoir du mari. Mais le vieil axiome a laissé des vestiges (5); notre article en est un effet résiduel, il atteste encore l'ancienne

(1) Bérault, I, p. 599, 600. V. cependant quelques doutes soulevés : Pesnelle, Roupnel, I, p. 284, note 2.

(2) Art. 417. Cette clause n'est même pas nécessaire dans le bailliage de Caux, art. 285. Mais le principe que les meubles et conquêts appartiennent au mari restreint beaucoup la portée du testament de la femme (Pesnelle, Roupnel, II, p. 531, note 2).

(3) Bérault, h. l.

(4) Pesnelle, II, p. 531. — L'autorisation générale, stipulée par la femme en contrat de mariage, de vendre et disposer de sa fortune serait de nul effet. Pesnelle, II, p. 707, note.

(5) Comp. art. 544. Glasson, *op. cit.*, II, p. 287.

souveraineté de l'époux, la dépendance absolue de l'épouse (1). La décision du texte est d'ailleurs absolue : la jurisprudence l'appliquait au père réservant sa fille sur la succession de la mère prédécédée (2); et même au second mari réservant, à la succession de la mère, la fille issue du premier lit de celle-ci (3).

Nous pouvons prévoir une difficulté en sens inverse. La mère est décédée, laissant des fils et des filles : le père, qui peut réserver ces dernières à la succession maternelle, peut-il, au contraire, en les mariant (avec dot ou même sans dot), leur enlever, au bénéfice des fils, leur droit acquis sur cette même succession, à savoir : leur créance de mariage avenant? Et s'il le peut, ne le fait-il pas tacitement, par cela seul qu'en les mariant, il n'a rien dit ni stipulé, puisque si rien ne fut promis à la fille lors de son mariage, *rien n'aura?* Il ne nous appartient point de trancher la question; la coutume ne prévoit plus le cas, et les jurisconsultes à qui les faits se sont présentés sont en complet désaccord (4) : il faut bien en convenir, l'espèce était embarrassante. Car, il est assez naturel que, « pour les successions échues, le père ne puisse ôter à sa fille le droit qui lui était acquis (5); » cependant il ne faut oublier ni le pouvoir paternel, ni le pouvoir marital; or, le pou-

(1) Si le mari a le droit de faire cette réservation « c'est en vertu de l'autorité maritale. » Basnage, I, p. 426.

(2) Cf. les arguments en sens contraire. Flaust, I, p. 271.

(3) Les seconds mariages donnaient lieu cependant à des distinctions que nous avons cru devoir négliger ici. V. notamment : Bérault, I, p. 599. Pesnelle, I, p. 284, note 2. Arrêts divers sur ces questions de réserves : Frigot, t. I, p. 295.

(4) Aff. Pesnelle, I, p. 268 *initio;* nég. Basnage, I, p. 403, 1re col. *fine*. La question est tout au long discutée par Hoüard, vo *Filles*, t. II, p. 503, 506; il cite une sentence du bailliage d'Arques rendue contre la fille; appel; Hoüard annonce la sentence d'appel pour le mot *Légitime :* mais l'arrêt n'était pas encore rendu quand l'auteur a rédigé le mot *Succession*, t. IV, p. 230 et s.; l'auteur y revient longuement sur la question. — Autre hypothèse, dans un ordre d'idées un peu différent : à supposer une fille *unique*, née d'un premier mariage, et par suite *de plein droit héritière* de sa mère décédée, jugé que le père remarié ne peut, même moyennant équivalent, la faire renoncer à la succession maternelle (Bérault, I, p. 600); mais l'arrêt pourrait soulever des objections.

(5) Basnage, I, p. 396.

voir marital permet au mari de réserver sa fille sur la succession maternelle antérieurement ouverte, restreignant ainsi le droit qui semblait acquis aux fils ; il serait logique qu'il pût, sur la même succession, augmenter la part des fils, en restreignant le droit qui semblait acquis aux filles.

Le rôle de la mère sera bien différent : « après le décès de son mari [elle] peut, en mariant sa fille, la réserver à sa succession ; mais elle, ni pareillement le tuteur, ne peuvent bailler part à ladite fille ni la réserver à la succession de feu son père ; ains seulement lui peuvent bailler mariage avenant par l'avis des parents, à prendre sur ladite succession (1). » Ainsi, la succession paternelle s'ouvre ; la mère survit : elle peut disposer de ses propres biens, présentement, ou pour le jour où elle ne sera plus ; mais elle ne peut qu'exécuter les règles légales pour l'hérédité de son mari défunt. Dès lors, s'il n'a laissé que des filles, elles sont héritières, une réserve à partage eût été même inutile ; et c'est une hypothèse que nous avons généralement négligée : elle est simple et présente peu d'intérêt. S'il a laissé des enfants des deux sexes, seuls les fils sont héritiers, les filles ont uniquement contre eux leur créance de mariage : telle est la situation fixée ; ni la mère ni le tuteur n'y peuvent rien changer ; il n'y a plus qu'à liquider sur les bases que la coutume a posées (2).

§ 5. De quelques cas exceptionnels.

En résumé, les père et mère dotent leur fille par un des procédés que nous avons étudiés, — *dot* proprement dite, *don mobil*, *réserve à partage*..., — ou s'abstiennent de la doter. Dans ce dernier cas, « les filles mariées ne peuvent rien demander en leur succession (3). » Dans le cas inverse (et si nous supposons, pour simplifier, une dot en argent immédiatement payée ou stipulée payable à terme), on dit parfois que c'est une *donation*, une pure libéralité (4), parfois aussi que

(1) Art. 259.
(2) *Junge*, art. 266.
(3) Art. 363.
(4) Basnage, I, p. 396.

c'est une *dette naturelle* de mariage avenant, que les parents sont réputés avoir acquittée ou reconnue (1). Les deux locutions se présentent tour à tour sous la plume du juriste ou dans le plaidoyer de l'avocat. Si nos anciens auteurs, au lieu d'exposer en général et de discuter les arrêts, au fur et à mesure de leurs commentaires, avaient fait de véritables traités *ex professo*, nous serions peut-être en droit de leur demander plus de précision dogmatique. Pratiquement, on peut dire que les deux idées s'unissent et se confondent en cette notion capitale : les parents, et, avant tout, le père, sont les arbitres du sort de leurs filles. Mais prenons garde au sens intime de la règle (au sens du moins, que proclament ses interprètes). Le père et la mère peuvent marier leur fille de meubles ou d'immeubles; elle n'aura rien, pas même une créance contre leur succession, s'ils ne lui ont rien promis : le pouvoir domestique doit juger, dans chaque espèce, ce qu'il convient de décider au sujet d'une union projetée, pour la dotation de l'épouse aussi bien que pour le choix du gendre; appréciateur affectueux et éclairé, il jugera mieux que ne pourrait le faire un texte à formule invariable. Mais la présomption légale peut être démentie par les faits. Si donc il apparaît un mauvais vouloir, une insouciance coupable de la part des parents, il ne faudra pas s'étonner de voir les tribunaux exercer à l'occasion leur contrôle (2); l'obligation naturelle de doter peut contenir le germe d'une obligation civile.

Les expressions de notre article 250 : « Le père et la mère peuvent marier leur fille, de meuble ou d'héritage; et si rien ne lui fut promis, rien n'aura, » sont uniquement sans doute relatives aux biens; peut-être y faudrait-il voir cependant un indice de langage, un reflet, qui rappelait encore en 1583 cet état social bien plus ancien dans lequel la jeune fille *ne se marie pas, mais est mariée* par ceux qui ont autorité sur

(1) Basnage, I, p. 428; II, p. 268.

(2) « Preceptum est quod Oliverus de sancto Audoeno, miles, assideat rationabile maritagium filiabus suis; quod nisi fecerit, baillivus domini regis assideat illud, prout judicatum fuit in assisia coràm ipso. » Arrêt de l'Echiquier de 1239 (*Recueil de jugements de l'Echiquier de Normandie au XIIIe siècle*, L. Delisle, 1864, p. 149, n° 672). Mais nous ignorons les circonstances de l'espèce.

elle (1). Ce qui est certain, et ce qui surtout nous importe, c'est que l'on suppose toujours, pour l'application régulière de l'article, l'initiative des parents, leur consentement tout au moins. On avait même soutenu, mais à la vérité sans succès, que le texte n'était plus applicable, et que la fille n'était point exclue d'une demande ultérieure de légitime, autrement dit d'une créance de dot sur la succession, quand son mariage avait été contracté avec le simple consentement du père, mais non par « son bon office et sa recherche (2). »

Que dire alors, si les parents « par crainte de diminuer leur bien, » refusent les partis avantageux qui se présentent tout en souhaitant quelque dot, ou agréent un parti moins convenable qui déparage leur fille, mais qui ne demande rien?

Il ne paraît pas d'abord que la fille, qui n'a rien reçu en mariage, puisse se plaindre d'avoir été déparagée (3). Il faudrait pour cela d'autres circonstances qui probablement produiraient leur effet, même au cas d'union bien assortie. La seule exception qui semble établie dans cet ordre d'idées est relative à la mère qui convole en secondes noces, puis marie sa fille du premier lit sans lui rien donner. Il est à craindre que sa résolution n'ait été dictée par l'influence du second mari : mariage avenant pourra être demandé sur la succession maternelle (4).

Plus importantes sont les questions qui concernent le refus de consentement. On connaît les difficultés soulevées, dans notre ancien droit, entre les deux Pouvoirs, sur la nécessité

(1) Cf. Viollet, *op. cit.*, p. 341.

(2) Cp. Pesnelle, I, p. 268 et s. Arrêt du 12 juin 1750 : fille mariée du vivant du père, mais de la libéralité de son oncle. Arrêt du 18 janvier 1754. *Traité* (anonyme) *des droits des filles*, p. 208.

(3) « La coutume permet au père de marier sa fille sans lui donner aucune chose combien qu'elle soit déparagée. » Bérault, I, p. 579; et, un peu plus loin (p. 582), Godefroy : « En quoi faisant si le mari n'a rien ou qu'il soit décrété pour ses dettes, la fille demeure nue en sa chemise dépourvue de dot et de légitime. » — Comp. l'art. 250 avec l'art. 251.

(4) Ainsi jugé : arrêt du 27 juin 1681 (Basnage, I, p. 399). En l'espèce, la mère qui n'avait d'abord rien donné, avait ensuite réservé sa fille à demander mariage avenant, mais on discuta la question en principe. — Jugé même qu'il en serait ainsi, malgré la renonciation que la fille aurait faite. Pesnelle, I, p. 271.

de ce consentement et sur l'effet des mariages célébrés entre époux qui ne l'avaient pas obtenu. L'édit de Henri II, de 1556, ne voulant pas annuler directement des unions valables d'après la doctrine de l'Église, permettait d'exhéréder « les enfants de famille ayant contracté mariage clandestin contre le gré, vouloir et consentement de leurs père et mère, » et ajoutait plusieurs autres déchéances, s'il y avait effectivement exhérédation. Mais ces déchéances étaient évitées quand l'exhérédation n'était point prononcée : « Quand les père et mère pardonnent, la loi pardonne aussi (1). » Et lorsque le futur ayant 30 ans passés, et la future 25, avaient « requis l'avis et conseil des parents, » c'est-à-dire (suivant l'expression qui s'introduisit dans la pratique) présenté des *sommations respectueuses* (2), aucune peine n'était alors encourue : la jurisprudence normande obéit à cette inspiration.

Si le mariage de la fille a eu lieu contre le gré des parents, et sans réconciliation ultérieure, nous restons dans le principe général : *rien n'aura*. Mais s'il y a eu plus tard réconciliation, et pour ainsi dire ratification, même tacite; si, par exemple, le père *donne le nom*, comme parrain, à un enfant issu de ce mariage accompli au mépris de sa volonté, un arrêt de 1671, tenant compte de ses intentions probables, attribue l'équivalent d'une dot sur sa succession : c'est le pardon tacite, comme dans l'Édit de 1556. Chose assez singulière : cet arrêt refuse de qualifier de mariage avenant les droits qu'il accorde et casse la sentence dont il connaissait, pour avoir employé cette qualification. On ne voulait pas, sans doute, créer de précédent formel. D'ailleurs, il existe des arrêts en sens contraire (3).

Le seul procédé sûr consistait dans l'emploi des sommations

(1) Pothier, VI, p. 141. — La déclaration du 26 novembre 1639 prononça *de plein droit* l'incapacité de succéder contre les mineurs de 25 ans mariés sans le consentement des parents. V. Pothier, h. l. — Basnage, t. II, p. 20 et s. Duguit, *Le Rapt de séduction*, Nouv. Rev. hist., 1886.

(2) L'expression est certainement incorrecte; elle l'est surtout quand on la compare au texte et au but de l'ordonnance, mais elle répond mieux en fait à ce qui se passait dans la pratique : c'étaient bien plutôt des sommations pour la forme qu'une demande de conseils (V. Hoüard, v° *Sommations respectueuses*).

(3) V. la jurisprudence, dans Basnage, I, p. 399. Pesnelle, I, p. 269, n. 2.

faites aux parents, après la vingt-cinquième année de la fille, à qui ses auteurs refusaient d'accorder un parti; ses prétentions sur leur héritage futur (c'est-à-dire une créance de mariage avenant), restaient alors intactes; il y a plus, et ils pouvaient être immédiatement condamnés à une dot proportionnée à leurs biens (1) : voilà bien une obligation civile, une créance de dot munie d'action. Nous devons ajouter, toutefois, qu'elle était contestée (2).

Somme toute, il existe donc quelques cas particuliers où sans aucune promesse des parents, la fille mariée de leur vivant peut réclamer une dot sur leur succession, et quelquefois contre eux-mêmes. Mais, si favorables que soient ces exceptions, elles n'entament guère le principe : la bienveillance des parents reste la règle, leur souveraineté légale aussi. Il ne faut point méconnaître, en effet, dans le système de législation où nous sommes placés, que, si c'était un bon usage du pouvoir paternel d'assurer par une libéralité dotale l'avenir de la jeune fille promise à un fiancé sans fortune, ce pouvait être encore un sage exercice de ce même pouvoir d'accorder sans dot une autre fille à un mari plus riche : elle retrouvait ainsi dans sa famille d'adoption une situation équivalente à celle qu'elle avait eue dans sa famille d'origine, sensiblement équivalente aussi à celle de sa sœur dotée; car, advenant même le décès des deux gendres, l'une reprenait sa dot, mais l'autre obtenait des avantages importants sur l'héritage de son mari. Les deux ménages pouvaient donc aller de pair. Les parents avaient satisfait à l'*officium pietatis*, ils avaient *établi* leurs filles; et, en réservant pour leurs fils la majeure portion des biens transmis par les ancêtres ou amassés par une prévoyante économie, ils répondaient à l'esprit de la coutume.

(1) Arrêts de 1607 et 1613. Bérault, Godefroy, p. 582. Hoüard, v° *Filles*, p. 503. Pesnelle, h. l. Ces auteurs invoquent la loi romaine : « Qui liberos, quos habent in potestate injuriâ prohibuerint nubere...,., coguntur in matrimonium collocare et dotare » (19. D. XXIII-II). C'était, du reste, une faveur pour le mariage, la fille ni le fils n'ayant aucune action pour demander pension tant qu'on les veut recevoir en la maison paternelle.

(2) Flaust, I, p. 215.

DEUXIÈME PARTIE.

FILLE NON MARIÉE AU DÉCÈS DES PÈRE ET MÈRE.

S'il n'existe que des filles au décès des parents, elles héritent par portions égales (1). L'égalité sera maintenue par le rapport des avancements d'hoirie que celles antérieurement mariées ont pu recevoir (2). Elles ne peuvent même se dispenser du rapport au moyen d'une renonciation (3).

Mais s'il existe un ou plusieurs fils, ils héritent seuls, la fille n'hérite point; il faut seulement qu'elle puisse se marier et qu'il soit tout d'abord pourvu à son entretien. C'est

(1) Cf. *Très ancien coutumier,* ch. IX, n° 1; *Grand coutumier,* ch. CI (éd. Gruchy, p. 245 *initio*).

(2) *Très ancien coutumier,* ch. IX, n° 2; *Grand coutumier,* ch. XXXVI.

(3) Une distinction assez subtile doit cependant être indiquée :

a) Une fille a été mariée comme héritière présomptive : c'est ce qui arrive quand le père, n'ayant que des filles, a marié et doté l'une d'elles. Elle a reçu un véritable avancement de succession, puisqu'il n'y a point d'enfants du sexe masculin qui l'empêchent de succéder. Elle devra plus tard le rapport à ses sœurs, et ne pourrait se dispenser du rapport en renonçant.

b) Une fille a été mariée sans le titre d'héritière présomptive. Le père avait un fils et deux filles; il marie et dote l'aînée. Ce qu'elle reçoit alors, elle ne le reçoit point comme avancement de succession; car elle n'est point héritière éventuelle, ni légalement, puisqu'elle a un frère qui devra l'exclure, ni par la volonté paternelle, puisque nous ne supposons pas de réserve

l'antithèse de la raison politique qui veut la perpétuité des biens dans la famille, et de la raison morale ou des convenances, qui veulent que les filles conservent avant de se marier, ou retrouvent en se mariant, une situation en rapport avec la position sociale de leurs parents. Les fils gardent donc les biens; mais les filles ne doivent point déchoir : aux premiers il faut donner le plus possible, aux autres seulement ce qui sera nécessaire ou utile. Mais comment déterminer la mesure?

Tant que les parents ont vécu, un principe a suffi, à peine tempéré par de rares exceptions : ils ont l'autorité, absolue chez le père, limitée chez la mère par le pouvoir marital. En établissant une de leurs filles, ils fixent sa dot : la loi n'ordonne ni ne défend; elle les laisse libres, et leur interdit seulement d'entamer à l'excès les droits de la descendance masculine. Et c'est à ce principe que se rattachent les différentes combinaisons qui ont été étudiées dans la première partie de cette étude.

Mais les parents sont décédés. On peut encore supposer qu'ils ont assuré et déterminé les droits de leurs filles par une réserve à partage. Les parents peuvent, en effet, les réserver à leur succession, non seulement en les mariant et par contrat de mariage (la réserve est alors irrévocable), mais aussi, tant qu'elles ne sont pas mariées, par acte notarié ou sous seing privé (elle est alors susceptible de révocation, comme une disposition testamentaire) (1). Même en ce cas,

partage; elle le reçoit comme paiement d'une créance naturelle de mariage avenant volontairement reconnue par le père. Si maintenant le fils décède avant le père, sans laisser d'enfants qui le représentent, les deux filles recouvrent le titre d'héritières que la présence seule de leur frère leur enlevait; mais l'aînée, mariée et dotée, peut renoncer pour s'en tenir à sa dot, sauf réduction : elle n'a été ni héritière présomptive en la recevant, ni héritière effective au décès du père. Cela s'explique d'ailleurs pratiquement; au moment où la dot a été consentie, la fille et son futur ont compté sur la valeur fixe ainsi donnée, sans avoir à faire entrer dans leurs prévisions la possibilité d'un rapport. Voy. Pesnelle, sur art. 260; Basnage, I, p. 428; II, p. 242 et s.

(1) « Il est certain qu'une réservation à partage non faite par un contrat de mariage, mais bien par un acte particulier, dans lequel il n'y a que le père ou la mère qui parle, n'est point une disposition entre-vifs qui acquierre

comme on l'a vu précédemment, les fils ont un droit d'hérédité plus fort et plus complet : chacun d'eux prélève un manoir à la campagne; sauf en bourgage, les filles réservées ne peuvent toutes ensemble obtenir plus du tiers; elles ne peuvent jamais demander la division du fief.

Écartons cette hypothèse. Seuls, les fils sont héritiers. Faut-il leur conférer, comme aux père et mère, la libre appréciation des intérêts des filles; ou bien au contraire imposer des devoirs positifs? Il est utile à cet égard de saisir la pensée des anciens textes. Les idées qu'ils expriment, s'atténuent ou se précisent, mais survivent toujours dans la coutume officielle. Un principe les résume : le fils, continuateur de la maison paternelle, doit seulement à ses sœurs un mariage convenable. Et ce principe, qui pouvait demander une sanction en faveur des filles, les place en même temps dans une véritable dépendance vis-à-vis de leur frère (1).

Les anciens textes.

Le *Grand coutumier* (ch. 26, *De Portionibus*), s'exprimait ainsi :

« ..... Sorores autem in hereditate patris nullam portionem debent reclamare versus fratres vel eorum heredes; sed maritagium possunt requirere. Et si fratres earum, ex mobili

aucun droit présent à la fille ou aux filles réservées sur la succession du père ou de la mère, mais seulement une simple disposition à cause de mort qui, comme la testamentaire, est toujours révocable jusqu'au décès de celui ou celle qui l'a faite, tant que la fille ou les filles réservées n'ont point été mariées depuis, sur le fondement et sur la foi de cet acte ou réservation particulière. » Hoüard, v° *Filles*, II, p. 518. La question fut cependant discutée (Le même, p. 518-523). L'espèce au sujet de laquelle le procès fut soulevé nous donne l'exemple d'une réserve par acte notarié. Au cas d'acte sous seing privé, Flaust (I, p. 271) exprime cette opinion qui ne paraît point contredite, que la signature du réservant suffit, sans qu'il soit nécessaire d'observer les formalités du testament olographe. Basnage (I, p. 425) énonce, comme une règle certaine au Palais, que la réserve peut être faite *quocunque actu*, par le contrat de mariage, par acte entre-vifs, ou par testament, pourvu néanmoins que ce soit avant ou lors du mariage.

(1) Cauvet, dans *Rev. de législ.*, t. XXXII, p. 90 *fine*.

sinè terrâ, vel cum terrâ, vel ex terrâ sinè mobili, eas voluerint maritare viris, eis idoneis sinè disparatione (sans les déparager), hoc eisdem debet sufficere (1). Et si eas maritare noluerint, tertiam partem hereditatis habebunt loco maritagii (2)..... (Et plus loin :) Si qua verò mulier maritagium requisierit versùs fratrem suum, frater si voluerit eam secum reducet; et in custodià suà per diem et annum remanebit, ut ei provideat de maritagio competenti (3). Competens enim est matrimonium ad mulierem, si personæ idoneæ prout genus et possessiones paternæ requirunt maritetur. Et si tale noluerit recipere maritagium, sinè consilio, et sinè adjutorio tam terræ quàm mobilis dimittatur. »

Il résulte bien de là que les fils ne recueillent pas seulement

(1) Cp. *Très ancien coutumier*, ch. x, n° 1 (édit. Tardif, p. 10) : « Si verò aliquis heres aliquam habeat sororem, eam maritabit de parte terræ patris sui, vel de pecuniâ, *juxtà posse suum, rationabiliter et in genere et in tenemento*, nisi ipsa forisfecerit malè vivendo et luxuriosè. »

(2) Le texte ici indique la double règle : le tiers au plus pour toutes les sœurs, et « aucune sœur ne doit avoir partie greigneure qu'un de ses frères. »

(3) Adde *Grand coutumier*, ch. ci. *De Brevi maritagii impediti* (édit. Gruchy, p. 246) : « Si autem sorores contrà fratres suos maritagium requisierint, si fratres eas custodire et maritare voluerint competenter, eas in suam custodiam usquè ad diem et annum habebunt, ut eas maritent competenter, dum tamen eis necessaria, prout hereditatis facultas requirit, inveniant competenter : si verò per testimonium viciniæ fratrum defectum poterint probare (texte français : que ce soit par la deffaulte aux frères que elles ne sont mariées), *portiones sibi debitas ad se maritandas recipient*. — *Tr. anc. cout.*, ch. lxxx, n° 4 (édit. Tardif, p. 84) : Quandò verò soror venit ad annos nubiles, si frater suus, vel consanguineus, cujus particeps est in hereditate, noluerint ei de matrimonio competenti providere, et indè queratur, vocato fratre suo ad curiam regis, dabuntur ei induciæ unius anni et diei. In quo spacio debet ei providere de viro, secundùm condicionem suam et tenementum, et ipsam interim, secundùm posse suum, procurare. Quod nisi fecerit, debet ex tunc justicia regis supplere defectum illius et *assignare mulieri terciam partem hereditatis*, si sola est ; vel partem suam terciæ partis, si plures sint, et ità mulier potest nubere cui voluerit. » — Arrêt de l'Échiquier, de 1221 : « Jud. est quod filii Guidonis de Huechon inveniant sorori sue victum competentem usquè ad terminum unius anni et diei, et nisi eam infrà dictum terminum competenter maritaverint, quod *eidem faciant competens maritagium de hereditate patris et matris eorum* per consuetudinem Normanniæ, et quod unusquisque eorum ponet avenantum suum in maritagium illius, secundùm quod unusquisque eorum habebit in portione suâ. » *Recueil de jug. de l'Échiquier de Normandie au xiii*e *siècle* (Delisle, 1864), p. 78, n° 307.

les biens, mais aussi un pouvoir domestique : c'est d'eux que dépend le mariage de leurs sœurs, comme nous l'avons vu dépendre du père; elles sont sous leur direction, comme elles étaient sous la puissance paternelle. Mais le père avait une autorité souveraine vis-à-vis de ses filles, et il ne dote que s'il le veut bien; vis-à-vis de sa sœur, le frère n'a plus qu'une autorité limitée, et il est tenu envers elle d'une obligation civile. Il doit lui procurer *maritagium* (dot suffisante), ou mieux *matrimonium*, c'est-à-dire la marier lui-même; mais il n'est point libre de la marier à telles conditions qu'il lui plaît, bien ou mal; sans doute, il pourrait ne lui rien donner et épargner la dépense d'une dot (1); du moins faut-il qu'elle ne soit point mésalliée, et que suivant l'ancienne définition du *matrimonium competens*, il l'unisse « à convenable personne selon son lignage et les possessions du père (2). » C'est bien à son conseil que la sœur doit se soumettre, elle doit agréer le parti honorable qu'il lui présente, sous peine de perdre tous ses droits, de se voir littéralement abandonnée, et comme bannie sans ressources (3).

(1) L'usage, tel qu'il est constaté par les textes cités, semble différent; notamment le *Grand coutumier* (*suprà*, ch. xxvi) dit : « Si fratres earum *ex mobili sinè terrâ, vel cum terrâ, vel ex terrâ sinè mobili*, eas voluerint maritare..... » Mais Terrien (liv. VI, ch. III, p. 206 de l'édition de 1578), ajoute : « *Et si les peuvent marier sans rien leur donner*, sans les desparager... »

(2) *Suprà, Grand coutumier*, c. xxvi. Terrien, *loc. cit.*, p. 208.

(3) « Sa seur à son frère demande
Mariage, et il luy commande
Quen sa garde avec ly sen viengne,
Il conviendra que il la tiengne
An et jour, et quil la pourvoie
De mari qui suffire doie.
Mariage est dit aggréable,
Se femme à homme convenable
Mariée est en lignye o elle
Et possession paternelle.
Se ycelle ne voulloit mye
Tel mariage, soit lessie,
Sans conseil n'aide à luy quierre,
Tant de meuble comme de terre... »

(*Ancien coutumier* mis en vers, ch. xxxiv (à la fin du 4e vol. du *Dict. de Hoüard*, p. 76). — « L'interprétation de la glose va jusqu'à priver, en ce cas, la sœur de tout espoir de provision alimentaire. Quand je réfléchis sur

Mais il ne faut point d'autre part qu'elle ait à se plaindre d'une négligence de son frère qui refuse de la marier; car elle pourrait exiger une part de l'hérédité, et deviendrait désormais libre de ses actions et de son choix : « ... debet ex tunc justicia regis supplere defectum illius et assignare mulieri terciam partem hereditatis ... et ità mulier potest nubere cui voluerit (1). »

Enfin, si elle ne veut point se marier, elle aura droit à un usufruit, ou à une rente viagère, proportionnée aux forces de la succession, sans rien distraire du capital (2).

En dehors de ce dernier cas, on aperçoit donc très nettement deux solutions principales de l'obligation des frères :

1) *Matrimonium competens.* Ils ont procuré à leur sœur un mariage, ils l'ont mariée avec une dot quelconque, ou même sans dot; pourvu qu'elle ne soit point déparagée, ils sont quittes envers elle : elle n'a plus rien à réclamer (*suprà*, *Grand coutumier*, c. 26).

2) *Pars hereditatis loco maritagii.* Le refus des frères de s'occuper de l'établissement de leur sœur, entraîne pour celle-ci le droit à une portion de la succession, qui lui tiendra lieu de dot. — A l'inverse, le refus de cette dernière d'agréer un parti convenable qui lui est offert par la famille entraînerait pour elle une absolue déchéance.

La Coutume de 1583.

Ces principes traditionnels, se retrouvent dans la coutume de 1583; après plusieurs siècles, le texte officiel n'est, d'ordi-

une jurisprudence aussi dure, j'avoue que les anciens Normands avaient une confiance excessive dans la vertu de leurs filles livrées sans pitié au désespoir, ou qu'ils en faisaient peu de cas. » Pesnelle, Roupnel, I, p. 289, note 4.

(1) *Très ancien coutumier,* c. LXXX, n° 4, en note *suprà*. Terrien, liv. VI, ch. III, p. 208 *fine*.

(2) « Et si une sœur ne se veut pas marier, mais vivre chastement, elle ne *perdra* pas sa part de l'héritage, mais l'aura à vie tant seulement selon l'opinion de la glose, ou telle provision à vie que de raison. » Terrien, liv. VI, ch. III, p. 206. La glose portait : elle ne Pdra... D'où une autre lecture : « ... elle ne *prendra* pas pour cela sa part de l'héritage, mais..., etc. » V. *Traité sur les droits des filles en Normandie* (anonyme, 1779), Introduction, p. XVII.

naire, qu'une copie littérale des anciens textes. Leur fonctionnement, cependant, ne sera plus tout à fait le même : le droit des sœurs est mieux affirmé; et leurs torts sont moins rigoureusement punis. Ces changements sont consacrés, ou par des articles formels, ou par une interprétation plus favorable des vieux adages.

Voici d'abord les deux mêmes solutions qui viennent d'être signalées :

1) *Art.* 251 : « Les frères peuvent, comme leurs père et mère, marier leurs sœurs de meuble sans héritage, ou d'héritage sans meuble, pourvu qu'elles ne soient point déparagées, et ce leur doit suffire (1). » — Mais, avec les anciens usages, les frères étaient libérés de leur devoir, par un *matrimonium competens*, même sans avoir doté, sans avoir fourni de *maritagium;* la jurisprudence nouvelle au contraire, exigera toujours une dot.

2) *Art.* 264 : « Le frère après l'an et jour (2) ne peut plus différer le mariage de sa sœur; pourvu qu'il se présente personne idoine et convenable qui la demande, et s'il est refusant d'y entendre sans cause légitime, elle aura partage à la succession de ses père et mère. » Ainsi, le refus du frère donnerait toujours à la sœur droit à une part de la succession. Au contraire, le refus de celle-ci de se conformer au conseil de son frère sur le choix d'un fiancé n'entraîne plus, comme autrefois, la déchéance de ses droits, et en quelque sorte la proscription de la famille (3).

3) Mais une disposition spéciale édicte expressément la faculté pour la fille non encore mariée au décès du père, de faire estimer par une décision arbitrale le montant de sa dot,

(1) De même, art. 357 : « Les sœurs ne peuvent demander partage ès successions du père ou de la mère, ains seulement demander mariage : et pourront les frères les marier de meubles sans terre ou de terre sans meuble, pourvu que ce soit sans les desparager. » C'est la reproduction exacte du *Grand coutumier*.

(2) Cp. art. 261 de la coutume.

(3) Tandis que le *Grand coutumier* disait : « ... Sinè consilio et sinè adjutorio dimittatur, » l'art. 265 dit seulement « si la sœur ne veut accommoder son consentement selon l'avis de ses frères et de ses parents, sans cause raisonnable, quelque âge qu'elle puisse par après atteindre, elle ne pourra demander partage; ains mariage avenant seulement. »

alors qu'elle trouve insuffisante celle qui lui est proposée.

Art. 262 : « Mariage avenant doit être estimé par les parents, eu égard aux biens et charges des successions des père et mère, ayeul ou ayeule; ou autres ascendants en ligne directe tant seulement, et non des successions échues d'ailleurs aux frères..... »

Apparemment, ce troisième procédé, ce recours à un arbitrage domestique, n'est point une innovation construite de toutes pièces par la coutume de 1583; elle s'est probablement bornée à suivre et à régulariser des faits connus dans la pratique. Toujours est-il que, dans la coutume officielle, cette arbitration d'un mariage avenant, par une sorte de tribunal ou de conseil de famille, devient capitale; elle est considérée, en fait et en théorie, par la jurisprudence et les commentateurs, comme le droit commun, comme le règlement normal des intérêts ouverts par la succession paternelle; la quotité en est fixée par des calculs, difficiles, il est vrai, mais soustraits à l'arbitraire; cette quotité prend le nom de portion légitime, ou de *légitime* des sœurs. Et nous aurons deux expressions synonymes pour désigner la dot régulière, arbitrée par des parents : *mariage avenant* (c'est le terme employé par un grand nombre d'articles de la coutume); *légitime* (c'est un terme fréquemment employé dans les commentaires). Avec cette donnée, il arrivera sans doute qu'une jeune fille, en se mariant, consente à recevoir la dot offerte par ses frères; il arrivera plus souvent qu'elle exigera tout d'abord, avant de se marier, et en vue d'un mariage espéré, la fixation stricte, par le procédé de l'art. 262, de ce qui peut et doit lui revenir. Ainsi compris, dans son sens restreint, le *mariage avenant* constitue une théorie juridique fort curieuse, sur laquelle les interprètes de la coutume ont porté tous leurs efforts. Mais avant d'aborder leurs explications, il faut de nouveau constater, jusqu'à la fin de l'ancien régime, la dépendance des sœurs; elle est toujours restée, malgré ses atténuations, en corrélation avec les obligations de leurs frères.

I. — *Le principe d'autorité.* — Le droit normand accorde une certaine déférence et décerne de grands avantages à l'aîné (1).

(1) Hoüard, v° *Aîné*, *fine*.

Il ne s'agit même pas en ce moment des successions nobles. Anciennement, dans certains bourgages, au décès de l'artisan, il y avait aînesse sur la maison destinée à sa profession, l'aîné se trouvant en état de continuer la clientèle et de subvenir ainsi aux cadets (1). Au bailliage de Caux, il a droit aux deux tiers; autrefois, il héritait seul, avec obligation de fournir des *vivres avenants* aux puînés (2). Il semble qu'il prenne la place du père, les biens et les charges de la famille. Il y a des traces du même sentiment dans la coutume générale. Seul saisi de la succession paternelle ou maternelle, seul exposé tout d'abord à l'action des créanciers, l'aîné prend la direction de la maison, il en est le représentant, il acquiert les fruits, jusqu'au jour où la demande en partage viendra rompre l'unité, pour investir ses frères (3). Dans le partage, il est le premier à choisir le lot qui lui convient (4); il peut réclamer le manoir paternel (5); il est enfin le tuteur naturel et légitime de ses frères et sœurs en minorité (6); et c'est lui qui conserve les lots des absents jusqu'à ce qu'ils reviennent (7).

L'aîné continue donc, sous une forme modifiée, à titre provisoire, mais il continue, le rôle paternel. Il en doit être ainsi, et d'une manière plus spéciale, à l'égard des filles. En Normandie, la majorité est fixée à vingt ans (8); il n'importe :

(1) Hoüard, v° *Préciput*, t. III, p. 514.

(2) Art. 279. 295. Hoüard, v° *Préciput*, t. III, p. 520; Terrien, p. 209.

(3) Art. 237, Pesnelle, sur cet art.; Flaust, t. I, p. 124 et s.

(4) Art. 354.

(5) Art. 356 : Préciput, sauf récompense, quand il n'y a qu'un manoir roturier aux champs.

(6) Art. 237 *fine*. Même formule : art. 1 du Règlement des tutelles de 1673. On ne peut élire un autre tuteur que s'il est insolvable : art. 2 et 3 du même Règlement. Cp. sur les *Tutelles en Normandie*, Cauvet, dans *Rev. de législ.*, t. XXXII, p. 98. On peut consulter également pour l'ancien droit : *Coustume, stille et usage au temps des Échiquiers de Normandie* (Marnier), ch. XXIV, *De mineurs et émancipacions*, p. 27.

(7) Art. 355.

(8) Placités, art. 38. — Cahier du Tiers État du Bailliage de Caen, en 1789, art. 19 : « Qu'en dérogeant à la disposition de la coutume de Normandie, qui fixe la majorité à vingt ans, le roi soit supplié de donner une loi générale qui la fixe à vingt-cinq ans pour vendre, aliéner, hypothéquer les immeubles à peine de nullité des contrats, et qui conserve aux mineurs âgés de vingt ans la libre disposition de leurs meubles et la jouissance de leur revenu » (Hippeau, I, p. 240).

même majeures, elles restent en la garde du plus âgé de leurs frères, quand le père et la mère sont décédés (1); elles n'en seront affranchies que par le mariage, ou par l'accomplissement de leur vingt-cinquième année (2). Mais, de même que les autres fils partagent avec l'aîné l'hérédité, de même il est juste qu'ils participent à ses devoirs et à sa mission envers leurs sœurs non encore établies. Il y a comme une hiérarchie : il existe sur toute la famille une prééminence de l'aîné; mais il existe sur les filles une prééminence des frères (3). Elles ne peuvent se marier qu'avec leur consentement, on peut même dire suivant leur choix. Terrien (4), à la veille de la rédaction de 1583, répète encore, avec le Grand coutumier du XIIIe siècle : « Se les sœurs demandent à leurs frères mariage, et les frères les veulent garder, et marier convenablement, ils les amèneront avec eux, et les garderont un an et un jour, et leur trouveront ce que mestier leur sera : et les pourvoiront de mariage advenant. » L'article 261 (cité *infrà*) reproduit presque à la lettre la même décision. Les commentateurs, il est vrai, n'en saisissent plus l'exacte signification : ils redoutent le mauvais vouloir des frères, ils ont une tendance à voir dans cette disposition un moyen de retarder le déboursement d'une dot, et ils cherchent une interprétation plus favorable qui prévienne les abus (5) : c'était justice; mais en soi, dans la pensée de la coutume, les frères avaient un pouvoir domestique (6), ils devaient veiller à l'honneur de leur nom, à la dignité du mariage de leurs sœurs, et ne doter qu'à bon escient.

D'un autre côté, les ordonnances royales ont exigé pour le mariage de l'orphelin mineur de vingt-cinq ans le consentement du tuteur, ou, sur son refus, la permission de justice après délibération des plus proches parents (7). C'était le

(1) Art. 261, Pesnelle, sur cet article.

(2) Art. 268.

(3) Flaust, I, p. 267.

(4) Terrien, liv. VI, ch. III, p. 208. Le travail de Terrien a préparé et facilité la rédaction de la coutume officielle.

(5) V. notamment Basnage, sur art. 261. Cp. Flaust, t. I, p. 236.

(6) Cp. *Journal manuscrit d'un sire de Gouberville, de 1553 à 1562,* par l'abbé Tollemer, 2e édit., p. 698.

(7) Notamment ordonn. de Blois, de 1579, art. 41 et 42. Cp. Pothier, édit. Bugnet, t. VI, p. 146, nos 333 et s.

droit général applicable en Normandie comme dans le reste du royaume (1). Mais il y a pour les filles une nuance de plus à observer dans notre province. Il ne s'agit pas seulement du mariage en lui-même, comme dans les autres pays. Ailleurs, héritières avec leurs frères, elles peuvent avoir besoin de leur consentement ou de leur conseil pour se marier. Mais ici, ce sont eux qui détiennent le patrimoine sur lequel une dot sera accordée; et cette dot, il sera toujours plus difficile de l'exiger, si le mariage ne leur convient; car ils ont pour eux leur loi provinciale qui ne contredit point les ordonnances et ne fait qu'en renforcer les prescriptions. On pourra bien triompher de leur résistance si elle est injuste; mais il en faudra triompher doublement : pour suppléer à leur consentement qu'ils refusent, et pour les contraindre à payer le mariage avenant, c'est-à-dire cette dotation convenable qui, sous le nom de légitime, sera déterminée par un arbitrage de parents. — Ces aperçus complexes nécessitent plusieurs distinctions.

Littéralement, les textes établissent une progression très nette : au fur et à mesure que la fille avance en âge, ses droits augmentent et sa dépendance diminue, elle finit même par cesser entièrement (2), en tenant compte de trois périodes :

a. Jusqu'à la majorité ordinaire de la Normandie, c'est-à-dire jusqu'à vingt ans, la fille est purement et simplement en la garde de l'aîné. Elle ne peut légalement contre le gré de ses frères, demander à se marier, ni exiger la fixation de son mariage avenant.

b. Elle le peut, au contraire, quand elle a atteint sa vingtième année. Mais, à partir de sa demande, elle est forcée de subir un délai d'un an : « Après le décès du père, les filles demeurent en la garde du fils aîné : et si lors elles ont atteint l'âge de vingt ans, et demandent mariage, les frères les peu-

(1) Par conséquent, même aux mineurs du sexe masculin. Majeurs à vingt ans par le droit normand, ils sont cependant mineurs jusqu'à vingt-cinq pour le mariage. V. Hoüard, v° *Mariage*, t. III, p. 237. Basnage, t. II, p. 26.

(2) A vingt-cinq ans. C'est un point qui n'apparaît pas aussi clairement dans l'ancien droit, et qui est précisé dans le droit nouveau, sans doute conformément aux usages, mais aussi, croyons-nous, sous l'influence des ordonnances relatives au mariage.

vent garder par an et jour, pour les marier convenablement, et les pourvoir de mariage avenant (1). » C'est seulement après ce délai qu'elle les accuserait avec raison « s'il se présente personne idoine et convenable qui la demande, et s'ils sont refusants d'y entendre sans cause légitime » : comme sanction, elle aurait partage en la succession de ses père et mère, elle serait héritière (2). — « Durant ledit an et jour que mariage est demandé aussi bien que devant que d'être demandé, le frère peut impunément refuser party convenable, parce qu'il n'est pas inconvénient d'espérer encore trouver mieux : mais après qu'une fille a atteint ledit âge, et qu'elle a demandé mariage, et que dans l'an le frère ne l'a point pourveüe, il n'est plus temps de refuser un bon party qui se présente : car il y a moins d'espérance d'en trouver après, et est l'intérêt de la République de n'attendre si tard à marier les filles (3). »

Mais les interprètes ne s'en tinrent pas à la lettre des textes : ils permirent à la justice, sans s'astreindre aux périodes légales, d'autoriser, malgré l'opposition des frères, un mariage approuvé des autres parents. Il ne faut pas, dit un auteur, entendre l'article *secundùm corticem*, mais selon le vœu de la coutume « dont les dispositions ne sont point faites au profit d'un frère avare, mais pour précautionner un jeune cœur contre un aveugle penchant (4). » C'était sans doute raisonner sagement, mais c'était bien un peu refaire la coutume.

Régulièrement, d'ailleurs, la jeune fille doit se conformer

(1) Art. 261.

(2) Art. 264.

(3) Bérault, sur art. 264.

(4) Roupnel, Pesnelle, I, p. 288, note; Basnage, sur art. 261 et 265; Flaust, I, p. 238. Voici une hypothèse, assez voisine, directement résolue dans le même sens. Une fille mineure hérite, faute de fils, d'un vassal; il y a, au profit du seigneur, garde-noble seigneuriale sur le fief (V. art. 213-234 au titre : Des gardes). Ceci posé, art. 227 : « La garde d'une fille finit après l'âge de vingt ans accomplis, ou plutôt si elle est mariée par le conseil et licence de son seigneur. » *Junge :* art. 228. Mais le droit de garde est fort avantageux pour le seigneur (art. 218); il est à craindre qu'il ne consente pas à un mariage qui doit le lui faire perdre; de là, art. 231 : « Si le seigneur étant requis, contredit le mariage, ou refuse de donner son conseil et licence, il peut être appelé en justice pour en dire la cause, et après la permission de justice, la fille aura la délivrance de son fief; et si le seigneur n'est présent, il suffira de demander le congé à son sénéchal ou bailli. »

au choix de ses frères, elle ne peut sans valable motif refuser le prétendant qu'ils agréent. D'après les anciens textes, son refus eût entraîné la perte de tous droits; on a vu déjà que dans la coutume rédigée, elle n'encourt plus de peine véritable; seulement, ayant ainsi mis les torts de son côté, elle n'est plus recevable, quoi qu'il advienne, à se plaindre de ses frères et à réclamer contre eux le partage, en punition de leur négligence : elle n'aura jamais que son mariage avenant (1). Il faudrait supposer, pour qu'il y eût déchéance, un mariage accompli contre toutes les convenances, au mépris de l'opposition des parents : « car alors elle serait indigne d'emporter aucune chose de la maison, l'ayant ainsi offensée (2). »

c. Enfin, à vingt-cinq ans, la sœur peut, sans aucun délai, réclamer sa portion légitime : « Fille ayant atteint l'âge de vingt-cinq ans, aura provision sur ses frères équipolente au mariage avenant, dont elle jouira par usufruit, attendant son mariage, et en se mariant elle en aura la propriété » (art. 268) (3). Jusqu'à cette majorité parfaite, hors le cas de mariage, il ne lui était dû que sa nourriture et son entretien (4); elle devait souvent en fait demeurer sous le toit de l'aîné, son gardien; et pour prendre l'expression même d'un commentateur, elle n'était pas encore *sui juris*. Elle devient désormais *sui juris;* elle dispose librement de sa main (5); si elle reste dans le célibat, elle organise librement son existence avec les ressources qui lui sont attribuées. La même quantité de biens

(1) Art. 265. — « Il est parlé en l'art. précédent (264) du refus des frères de marier leurs sœurs, à cause de quoi ils leur doivent souffrir prendre partage : en cet article (265) est parlé du refus de la sœur d'accepter sans raison le parti qui est agréable aux frères et parents, ce qui l'exclut de partage, mais ne l'exclut de demander mariage advenant quand il se présentera derechef un party sortable. Auquel cas s'il advient que le frère n'y veuille prester son consentement, la coutume ne le punit pas de partage : car elle estime que la fille a eu plus de tort de refuser le parti qui était agréable au frère que le frère de refuser le parti agréable à sa sœur, *laquelle se devait plutôt rapporter au jugement de son frère et de ses parents que d'en choisir au sien.* » Bérault, sur 265.

(2) Pesnelle, Roupnel, t. I, p. 288, note. Bérault, sur 265, t. I, p. 610.

(3) Cp. sur la corrélation de ce texte avec les ordonnances relatives au mariage : Bérault, Godefroy, sur 268; Pesnelle, Roupnel, t. I, p. 295, note 1.

(4) Basnage, sur art. 268.

(5) Arrêt de 1599; cp. un arrêt de 1601 : Bérault, Godefroy, I, p. 610, 611.

qui lui sera dévolue en pleine propriété, sous le nom de légitime ou de mariage avenant, au jour de la bénédiction nuptiale, servira de base à des arrérages, ou à un usufruit, si elle ne se marie point. Comme la veuve a sur la fortune du mari un douaire viager (1), de même la fille, après ses vingt-cinq ans, est pour ainsi dire douairière sur la fortune de ses ascendants échue à ses frères : il y a certes des différences, historiques et pratiques, entre les deux institutions; mais la légitime en usufruit et le douaire assurent l'un et l'autre, sans rien détourner du patrimoine de famille, la vie indépendante de la femme célibataire ou veuve.

Telle est, au milieu des nombreuses variétés d'espèce, la condition respective des enfants des deux sexes, quand les fils ont l'exercice de leurs droits. Il arrivera parfois qu'ils seront eux-mêmes en minorité, alors que les filles sont en âge de se marier; leur mariage n'en doit pas être retardé; mais il reste soumis aux mêmes principes généraux, soit des ordonnances, soit de la coutume. C'est le tuteur, assisté et conseillé, au besoin même suppléé, par les plus proches parents et amis, qui donnera le consentement requis et fixera la dot (2). Mais cette dot doit toujours être renfermée dans les limites de la légitime; elle ne pourrait l'excéder (3); aucun fait, aucune faute, du tuteur ou de ceux qui l'assistent, ne peuvent préjudicier aux fils mineurs : si, volontairement, ou par erreur, on avait admis les filles au partage, le partage serait annulable (4).

II. — *L'obligation de doter.* — Deux idées, qui correspondent aux destinées différentes du fils et de la fille, caractérisent la coutume. Elles nous sont connues :

Le fils continue la famille; par lui, par ceux auxquels il donnera le jour, se perpétuent les traditions et la fortune. Il hérite seul; dût-il exceptionnellement, par suite d'une réserve à succession, partager avec ses sœurs la qualité d'héritier, il emporterait encore la plus forte portion du patrimoine (deux

(1) Art. 369 et s.

(2) Cf. *Grand coutumier*, ch. XXVI (édit. Gruchy, p. 85).

(3) Art. 259, 266, 267.

(4) Basnage, sur art. 266. Flaust, I, p. 292 (Tit. V, ch. VI).

tiers, sauf dans les bourgs, étant réservés à la descendance masculine).

La fille entrera dans la famille de son mari; elle y acquerra des droits; mais ni elle, ni ses enfants, ne prolongeront dans sa durée le nom de ceux dont elle est issue. Il suffit donc, mais il faut aussi, qu'elle puisse se marier, et qu'elle puisse se marier convenablement. De là résultent les obligations de ses frères vis-à-vis d'elle. Mais ces obligations s'exécutent, ou sont sanctionnées, de trois manières distinctes, précédemment indiquées.

1) La fille est mariée, non déparagée, avec une dot quelconque, offerte et acceptée de gré à gré, sans qu'il y ait eu recours au jugement arbitral de la famille (1).

2) Elle n'est point mariée; il y a faute constatée de ses frères qui s'opposent injustement à son mariage. Elle sera admise, concurremment avec eux, au partage de la succession. Ceci peut d'ailleurs se présenter dans d'autres cas.

3) Il n'y a point de faute des frères; il n'y a pas encore mariage de leur sœur; mais ils ne s'entendent point sur la dot qui lui sera dévolue. Elle sera fixée par un arbitrage de parents. C'est le mariage avenant, ou la légitime.

Sur les deux premiers cas, il reste peu de choses à noter; encore la complexité des matières amènera-t-elle quelques redites; le troisième, au contraire, nécessitera plus de développements.

§ 1. Dot conventionnelle.

Si l'essence même de l'obligation fraternelle consiste dans l'établissement de la fille, cette obligation du fils est véritablement accomplie, dès que par ses démarches, ou tout au

(1) *Lato sensu*, l'expression *mariage avenant* convient à cette dot, de gré à gré, au moyen de laquelle la sœur a été mariée avenantement (Pesnelle, I, p. 267, sur art. 249); elle a servi à procurer le *matrimonium competens*, pour employer l'expression du *Grand coutumier*. Mais il est préférable de distinguer cette dot conventionnelle, du mariage avenant proprement dit, *maritagium competens* : « Le mariage avenant n'est point cette promesse que le frère fait à sa sœur de gré à gré... Le mariage avenant est cette portion de biens dans les lignes directes, destinée à la subsistance des filles et à les marier... [et arbitrée par des parents] » Roupnel sur Pesnelle, I, p. 292, note.

moins avec son agrément, elle est mariée sans mésalliance. Strictement cela suffirait (1). Plus bienveillante que l'ancien droit, la jurisprudence sous la coutume écrite, exige de plus qu'il y ait une dot mobilière ou immobilière (2). Mais il n'est pas nécessaire que cette dot amiable atteigne le montant de la dot avenante, ou légitime, telle que l'eussent déterminée les parents, si l'on avait fait appel à leur juridiction. Cette légitime normale n'est établie que pour permettre à la jeune fille de trouver un mari de sa condition; mais, quand elle est mariée suivant son rang, le vœu de la coutume est exaucé, et cette exacte détermination, qu'on aurait pu demander avant l'union conjugale, est désormais sans objet. « La sœur mariée et dotée, sans avoir été déparagée, doit être satisfaite de la dot qui lui a été donnée, quoiqu'elle soit fort au-dessous de ce qui lui aurait appartenu, si sa légitime ou son mariage avenant avait été liquidé ou arbitré régulièrement. » — « La loi présume que le douaire et les autres avantages dont elle profite par le mariage, suppléent à ce qui lui fait défaut (3). »

(1) *Obligatio facti, non dandi*. Bérault, I, p. 584.

(2) L'art. 250 dit : « Le père ou la mère peuvent marier leur fille de meuble sans héritage, ou d'héritage sans meuble : *et si rien ne lui fut promis lors de son mariage, rien n'aura*. » L'art. 251 est d'une rédaction différente : « Les frères peuvent, comme leurs père et mère, marier leurs sœurs de meuble sans héritage, ou d'héritage sans meuble, *pourvu qu'elles ne soient déparagées*, et ce leur doit suffire. » Il indique donc deux différences : il exige que les frères aient marié leur sœur sans la déparager; l'art. 250 s'en rapporte simplement sur ce point à l'affection paternelle; — l'art. 251 n'ajoute point comme le précédent : *si rien ne lui fut promis, rien n'aura* : il impose donc aux frères la nécessité d'une dot. Peu avant la rédaction de la coutume, Terrien (liv. VI, ch. III, p. 206) admettait encore le mariage de la sœur sans dotation fournie par le frère. Au témoignage de Roupnel (sur Pesnelle, I, p. 273, note) Bérault serait l'un des premiers auteurs de l'interprétation nouvelle (Cf. Bérault, I, p. 524).

(3) Flaust, I, p. 230. Basnage, I, p. 409-410; — mais, ce motif n'existant plus, on admettrait plus facilement une action pour lésion contre une transaction acceptée par la fille, hors le cas de mariage, sur ce qui pouvait lui appartenir dans la succession paternelle. Cp. Flaust et Basnage, h. l. — Même au cas de mariage, on admettrait en faveur de la sœur une action en nullité de la convention de dot, contre ses frères, (et par suite une arbitration régulière du mariage avenant), s'il y avait eu dol des frères, consistant à dissimuler la valeur réelle de la succession. Roupnel sur Pesnelle, I, p. 276, note 1. Cp. aussi *Traité sur les droits des filles* (1778, anonyme), p. 17.

En acceptant cette décision (1), Basnage observe cependant que l'acceptation par la fille d'une dot ainsi restreinte n'est pas toujours bien probante, parce que « le désir de sortir de dessous l'esclavage d'un frère ou d'une belle-sœur, ou la passion de se marier, lui fait consentir tout ce qu'on lui propose. » Nous ne saurions, évidemment, contester cette réflexion ; elle s'appuie certainement sur des faits. Mais, en général, les normandes ont toujours bien entendu les affaires : elles pouvaient toujours, avant leur mariage, exiger l'arbitration légale de leur légitime ; et cette arbitration devait être le cas fréquent de la pratique, comme elle était le droit commun de la théorie (2).

Quoi qu'il en soit, une dot, inférieure ou non à la légitime, est du moins indispensable. Les père et mère, qui veulent bien doter leur fille, sont réputés faire une libéralité, ou mieux, acquitter une dette simplement *naturelle* de mariage avenant ; les frères, qui sont tenus de doter leur sœur, acquittent ainsi leur dette *civile* de mariage avenant. A cette formule, deux autres différences peuvent être rattachées :

1) *Garantie.* — Le bien de femme ne doit jamais se perdre ; les tiers en sont garants, dans la terminologie du droit normand : l'acquéreur d'un immeuble qui veut payer son prix, le débi-rentier qui veut racheter la rente, sont responsables de la reprise qui doit être assurée à l'épouse (3). Le père, qui a promis des deniers, échappe à cette règle ; comme il pouvait ne rien promettre, il ne répond point de la somme qu'il verse à son gendre en exécution de sa promesse bénévole. Les fils, au contraire, doivent doter ; ils seront donc garants de la dot stipulée ; ils s'exposeront aux risques de l'insolvabilité de leur beau-frère (4), quand ils paieront au cours du mariage la

(1) Une question semblable se présentait, dans les quelques coutumes qui fixaient un *avenant*, ou légitime portion *ab intestat* pour les filles nobles. Quelques textes donnent une solution différente. V. Denisart, v° *Avenant*, n° 3.

(2) Flaust, I, p. 235, 236.

(3) Art. 540.

(4) Basnage, I, p. 406 : « La dot que les frères promettent à leurs sœurs n'est point une libéralité de leur part, mais le paiement d'une légitime, et c'est pourquoi ils sont toujours garants de la mauvaise collocation qu'ils en font entre les mains du mari. » Cette règle donnait lieu, dans son applica-

somme convenue, ou rembourseront la rente à laquelle ils se seront obligés; ils n'éviteront toute inquiétude qu'en stipulant, dans le contrat de mariage, la faculté d'exiger, en pareil cas, une bonne caution ou un valable remplacement.

2) *Don mobil.* — Le père, étant libre de ne rien donner à sa fille, peut donner, non pas à elle, mais à son fiancé. Les frères, au contraire, doivent doter : or, donner au futur, n'est point doter la fiancée; ils ne peuvent donc faire au premier un don mobil de tout ce qu'ils promettent; on admet seulement, conformément aux usages, que le don mobil peut porter sur un tiers, les deux autres tiers restant forcément dotaux. « Le père peut tout donner en don mobil, et les frères n'en peuvent donner que le tiers (1). »

§ 2. **Admission de la fille au partage.**

Dans quatre circonstances, la fille, en présence du fils, peut être héritière et avoir partage, au lieu d'une dot conventionnelle ou d'un mariage avenant liquidé en la forme légale (2).

1° Elle a été réservée par son père, ou par sa mère, ou par l'un et l'autre, sur leurs successions.

tion, à un certain nombre de difficultés : Basnage, h. l. Flaust, I, p. 234, 235. Cp. *Traité des droits des filles*, anonyme, p. 19. — L'ancien droit, tout en n'exigeant pas forcément une dot, imposait cependant la garantie de celle qui avait été accordée, et sur l'assurance de laquelle le mariage avait eu lieu : Quodcunque autem frater, vel nepos, vel avunculus, vel quicunque alii, exceptis patre vel matre, mulieribus in maritagio dederint, firmiter est observandum et a datoribus garantizandum. » *Grand coutumier*, ch. CI. Terrien, liv. VI, ch. III, p. 207.

(1) Routier, p. 249, n° III; Serieux, *Traité des contrats de mariage*, II, p. 308. Ce don mobil du tiers, étant usuel, existerait par une sorte de convention tacite, dans le silence du contrat de mariage : Bérault, I, p. 582. Ce point toutefois est contesté. V. Roupnel, Pesnelle, I, p. 274, note.

(2) Routier, I, p. 55, indique aussi quatre cas : 1° par faute d'hoirs mâles; 2° par réservation à succession; 3° par rapport au fisc ou autre créancier; 4° par le refus des frères de marier leurs sœurs ayant atteint l'âge compétent. — Nous écartons ici la première hypothèse (les filles sont alors héritières avec des droits égaux entre elles); car nous supposons l'existence de fils. Mais il faut ajouter une autre hypothèse à l'énumération ainsi réduite : l'offre des frères, acceptée par les sœurs, de les recevoir à partage au lieu de leur donner mariage avenant : Basnage, sur art. 248, t. I, p. 393.

2° Elle a atteint l'âge légal, c'est-à-dire la majorité de vingt ans, le délai d'un an et un jour est écoulé depuis qu'elle a demandé mariage avenant; — et il s'offre un parti convenable : le refus du frère, sans justes motifs, d'agréer son mariage et de lui donner la dot qui doit lui appartenir, entraîne l'admission au partage (art. 261, 264, *suprà*). Mais il paraît que le texte de la coutume restait à l'état de menace : « on n'a point d'exemple où cette peine ait été prononcée (1). » Non point, sans doute, que la sollicitude fraternelle ait toujours été sans reproches; mais il ne suffisait pas d'une négligence pour encourir la peine; il fallait que la preuve d'un refus opiniâtre et inexcusable fût rapportée (2). Il était plus simple pour la fille de demander l'arbitration par parents de son mariage avenant.

3° Elle peut être reçue volontairement au partage par les fils. Mais il y a des hypothèses importantes où elle aura tout intérêt à préférer son mariage avenant à une part comme héritière dans la succession; nous le verrons ultérieurement. Dès lors, elle peut refuser le partage proposé (3).

4° Art. 263 : « Le fisc ou autre créancier subrogé au droit des frères, ou [de] l'un d'eux, doit bailler partage aux filles, et n'est reçu à leur bailler mariage avenant. »

On peut comparer l'art. 345 : « Le fisc ou autre créancier subrogé au droit de l'aîné, avant le partage fait, n'a le privilège de prendre préciput, appartenant à l'aîné à cause de sa primogéniture; mais aura seulement part égale avec ses autres frères. »

Le bénéfice de l'art. 263 est acquis aux sœurs, — alors, du

(1) Flaust, I, p. 237.

(2) Le même, h. l. Cp. Bérault et Godefroy, sur art. 264.

(3) Placités, art. 47. « Les frères ne peuvent obliger leurs sœurs de venir au partage, au lieu du mariage avenant... » Le désir des frères ne s'impose pas, il faut l'accord réciproque. Il semble qu'il en devrait être autrement de la volonté paternelle dans le cas d'une réserve à partage : le père, en la faisant, a exercé un attribut inhérent à son pouvoir; la réserve à partage devrait faire la loi des filles comme des fils, et elles ne devraient pas être recevables à exiger mariage avenant, au lieu du partage réservé. Flaust, I, p. 273, introduit cependant une distinction, et n'admet la solution que nous venons de donner, que si la réserve a été faite au profit d'une fille, en la mariant : elle est alors liée par le pacte sur la succession paternelle, auquel elle a adhéré.

moins, que leur situation n'est pas déjà réglée par l'arbitration de leur mariage avenant (1), — dans les cas suivants, soit par une application, soit par une extension du texte :

Confiscation. — La confiscation ne peut s'exercer sur une hérédité déjà répudiée par le confisqué (2) : si donc un fils unique, encourant la confiscation, avait déjà renoncé à la succession paternelle, les filles seraient sans doute héritières; mais leur vocation viendrait du défaut d'hoirs mâles, et elles auraient seules l'héritage tout entier. Si la confiscation a eu lieu en temps utile, avant toute renonciation du fils, elles demanderont bien, au confiscataire qui tient ses droits, partage au lieu de mariage, en vertu de notre article; seulement, elles n'auront dans la succession que ce qui excède la portion confisquée.

La confiscation peut être au profit de seigneurs, ou au profit du roi : or, le roi Charles IX avait résisté à l'obligation de donner partage aux filles en pareille hypothèse; il lui fut donné tort par un arrêt du Parlement de Rouen en 1563. Le Pouvoir Royal crut néanmoins devoir faire toutes réserves sur ce point lors de l'approbation de la coutume (3).

Subrogation des créanciers. — « Avenant que le débiteur renonce, ou ne veuille accepter la succession qui lui est échue, ses créanciers se pourront faire subroger en son lieu et droit pour l'accepter, et être payés sur ladite succession jusqu'à la concurrence de leur dû, selon l'ordre de priorité et de postériorité, (et s'il reste aucune chose les dettes payées, il reviendra aux autres héritiers plus prochains après celui qui a renoncé) » art. 278. — A la différence de la confiscation, cette subrogation, d'ailleurs plus favorable, porte même sur les successions déjà répudiées (4).

(1) Quand le mariage avenant a été arbitré, l'on se trouve en face de droits acquis : la dot des sœurs est légalement fixée; on ne peut donc plus revenir soit contre les frères, soit contre leurs ayants-cause (fisc, créanciers ou autres) sur un règlement définitif de succession. La question était cependant controversée : Basnage, et peut-être quelques arrêts, se prononçaient en sens inverse (Voy. notamment Flaust, I, p. 308, 309).

(2) Placités, art. 53 : « Le confiscataire ne peut se faire subroger à appréhender la succession qui a été répudiée par celui qui a été confisqué. »

(3) Bérault, sur art. 263.

(4) Comp. Pothier (édit. Bugnet, t. I, p. 198, et t. VIII, p. 123) : « Si un dé-

Décret. — Les créanciers qui font saisir et décréter les biens du fils (1), héritier acceptant, doivent partage aux filles, par analogie avec l'hypothèse précédente.

Cession des droits successifs. — Il en est encore de même, par une nouvelle assimilation, des créanciers subrogés, par contrat volontaire du fils, dans ses droits héréditaires, ou de l'acquéreur de ces mêmes droits (2).

Le motif commun de ces décisions s'aperçoit aisément. La transmissibilité intégrale du patrimoine au fils, suppose qu'il est à même de continuer dignement sa *maison*, et de doter ses sœurs, en rentes ou en argent. Or, dans les espèces que nous avons parcourues, il ne tient pas, ou il tient mal sa place; il remplit mal le rôle pour lequel il était destiné. C'est pour lui, et non pour des étrangers, — le fisc royal ou le seigneur, les créanciers ou les cessionnaires, — que la faveur de recevoir seul en nature les biens héréditaires, d'avoir seul le titre d'héritier, avait été créée. Quand il n'y a point de fils, les filles succèdent; quand il y a un fils, mais qu'il manque à sa mission, il en doit être à peu près de même : la cause essentielle qui leur enlevait le titre d'héritières et l'attribution de biens *en essence*, n'existe plus : il faudra seulement respecter le droit purement pécuniaire des ayants-cause du fils (3).

biteur insolvable, en fraude de ses créanciers, a renoncé à une succession opulente, ces créanciers font rescinder cette renonciation par l'action révocatoire de ce qui est fait en fraude des créanciers, etc... » L'art. 278 de la coutume de Normandie n'exige point la fraude du débiteur renonçant; Cf. art. 788, C. civ. — V. au reste sur cette matière, Basnage, Pesnelle, sur art. 278.

(1) Même pour les dettes du père, ou de la mère : Pesnelle, t. I, p. 294. Toutefois, il y a ici une combinaison difficile, et presque une contradiction : car, si les sœurs prennent partage, elles deviennent, comme héritières, débitrices de ces dettes, et même, d'après le droit normand, débitrices solidaires. V. Flaust, t. I, p. 309 *fine*.

(2) Arrêt de 1624, au sujet des créanciers volontairement subrogés, dans Basnage, I, p. 434. Il y avait eu quelques doutes au sujet des cessionnaires de droits successifs; la discussion est indiquée dans Bérault, I, p. 303; mais la solution donnée ci-dessus avait prévalu.

(3) Cette explication suffit pour rendre compte des vues générales de la coutume; elle était insuffisante pour ses interprètes, en face de certaines difficultés pratiques : ils avaient dû la creuser davantage, et deux systèmes peuvent résumer la discussion.

a. « Les sœurs ayant été excluses par la coutume, des successions de leurs

§ 3. Mariage avenant proprement dit.

Aux termes de l'article 262 :

« Mariage avenant doit être estimé par les parents, eu égard aux biens et charges des successions des père et mère, ayeul ou ayeule (1), ou autres ascendants en ligne directe tant seulement, et non des successions échues d'ailleurs aux frères..... »

Le mariage avenant consisterait donc en une attribution sur les successions directes, et non sur les successions collatérales, recueillies pourtant, les unes et les autres, par les fréres à l'exclusion des sœurs : ainsi formulée, cette proposi-

père et mère,... *afin de conserver les biens dans les familles*, lesquelles se perpétuent par les mâles, quand cette raison politique cesse, ou parce que les frères ont confisqué par leur crime, ou parce qu'ils ont dissipé par leur mauvaise conduite les biens de ces successions, il n'est pas juste d'accorder au fisc ni aux créanciers subrogés les avantages qui appartenaient aux frères *par un privilège personnel.* » Pesnelle, sur art. 263; Basnage, I, p. 434. Il en résulte logiquement que les sœurs pouvaient demander partage en nature aux *acquéreurs particuliers du frère,* puisque par les aliénations de ce dernier *les biens sortaient de la famille.* — *Sic,* Conclusions de Me Vimar (dans une affaire rapportée par Hoüard, vo *Filles,* p. 531-541) au moins pour le cas où le frère a vendu successivement tous les immeubles de la succession.

b. Suivant une autre théorie, *le frère a le choix* de donner à ses sœurs partage en nature (quand toutefois, elles y consentent, art. 47 des Placités), ou mariage avenant en argent. Le frère confisqué, décrété, ou cédant tous ses droits successifs, se met hors d'état de décider entre ces deux partis. C'est alors la loi, et non des étrangers comme le fisc ou les créanciers, qui doit régler l'établissement des sœurs; et elle leur accorde le partage. Mais il n'en est plus de même quand le frère fait seulement des aliénations particulières; en les faisant, il exerce tacitement le choix qu'il a droit de faire; il montre qu'il ne veut pas donner partage en nature, mais payer mariage avenant. Il n'y a donc pas lieu d'exiger partage de ses acquéreurs. V. Hoüard, vo *Filles,* p. 533 et s., vo *Acquéreurs,* p. 24 ; *Traité des droits des filles* (anonyme), p. 80 et s. — La question est aussi discutée dans Flaust, I, p. 304. — Le principe du premier système reflète mieux, croyons-nous, l'esprit de la coutume. Les conséquences du second sont plus satisfaisantes.

(1) « Ayeul ou ayeule. » — Ex. : L'aïeul avait un fils, décédé avant lui, mais laissant lui-même des fils et des filles. Celles-ci ont été exclues de la succession de leur père, et elles le seront également de celle de leur grand-père ; mais elles ont leur droit de mariage avenant.

tion serait trop absolue; le mariage avenant n'est point impossible dans une hérédité collatérale, mais il y est réglé par d'autres principes.

A. *Successions directes.*

I. — *Arbitration du mariage avenant par des parents.* — L'ancien usage, ainsi qu'on l'a vu plus haut, voulait essentiellement que les sœurs fussent mariées sans mésalliance. Comme le père pouvait trouver un parti pour sa fille sans lui donner rien autre chose que le classique *chapel de roses*, de même les frères pouvaient trouver pour leur sœur un mari, de son rang, qui ne demandait point d'apport ou se contentait d'un apport modique. Mais les plus vieux textes supposent communément le mariage, « de meuble ou de terre; » s'ils n'autorisent point de recours tardif quand la fille est mariée, — n'eût-elle même rien reçu, — du moins avant le mariage ils l'admettent à réclamer *maritagium* (1), c'est-à-dire une dot; et vraisemblablement le fiancé ne dédaignait point toujours de discuter les intérêts matériels et de traiter la question d'affaires. On aperçoit dès lors un germe de dissensions, si la jeune fille ou son futur époux considèrent comme trop minime la dotation qui leur est offerte : quelle en sera la solution? Les frères, à la rigueur, peuvent empêcher, par leur refus ou leur avarice, la réalisation des beaux projets d'union : en le faisant, toutefois, ils s'exposent aux menaces légales; si finalement par leur faute, après une mise en demeure d'une année (*induciæ unius anni et diei*), leur sœur n'a pu se marier (*si eas maritare noluerint*), elle pourra se faire attribuer judiciairement une portion de l'hérédité : le tiers, si elle est seule, ou fraction du

(1) *Grand cout.*, ch. XXVI, *suprà* : « ... Sorores in hereditate patris nullam portionem debent reclamare..., sed maritagium possunt requirere... » Brunner, *Das Anglonormannische Erbfolgesystem*, p. 14, traduit exactement : « So können die Töchter aus der Erbschaft ihres Vaters den Brüdern gegenüber keinen Erbschaftsantheil verlangen, sondern nur einen Anspruch auf Mitgift erheben. » Et la cout. de 1583 dit encore à peu près de même : « Les filles ne peuvent demander ni prétendre aucune partie de l'héritage de leurs père et mère contre les frères ni contre leurs hoirs ; mais elles leur peuvent demander mariage avenant. » Art. 249; adde, art. 357.

tiers, si elles sont plusieurs. C'est, en réalité, une dot par exécution forcée, dont le montant est précis (1).

Il est probable que les choses ne se passaient pas nécessairement ainsi. Il était fait appel aux autres membres de la famille, ou à ceux qui étaient en relations avec elle, pour déterminer la dot : leur concours pouvait produire un accord qui ne s'était pas établi directement, et on évitait ainsi le retard ou la rupture du mariage désiré. D'ailleurs, les tribunaux auraient attribué le tiers, *loco maritagii* : c'était une sentence fixée d'avance; il valait mieux pour tous, à l'extrême limite, le faire liquider par des arbitres, des voisins, qui étaient au courant du patrimoine et des affaires de la succession. Il est d'abord un cas où cette réunion de parents ou d'amis s'impose : lorsque le fils est mineur, les plus prochains amis qui l'ont en leur garde déterminent, pour son compte, ce qui doit être donné à sa sœur sur le point de se marier (2). De plus, quand il s'élève, après coup, des difficultés sur une dot antérieurement réglée, on les soumet parfois à des tiers (3).

(1) Cela résulte des passages cités *suprà* : « Tertiam partem hereditatis habebunt loco maritagii...; — portiones sibi debitas ad se maritandas recipient; — debet justicia regis supplere defectum illius et assignare mulieri terciam partem hereditatis; — eidem faciant competens maritagium de hereditate patris et matris eorum per consuetudinem Normanniæ... »

(2) *Tr. anc. cout.*, ch. XIV, nº 1. « Pupillus si sorores [habet], que etatem habeant quod possint maritari, non expectabunt etatem fratris sui parvuli, sed *per amicos vel per consanguineos* maritabuntur, vel de mobili, vel de hereditate; tamen rationabilia habebunt maritagia. » — *Grand cout.*, c. XXVI : « Et se les hoirs du trespassé sont en non aage, le mariage aux seurs ne doibt pas pour ce estre prolongé, ains les doibvent marier les plus prochains amis qui ont la garde du soubs-aagé, ainsi comme s'il fust en aage. » L'art. 266 de la coutume de 1583 reproduit la même disposition. — *Recueil de jug. de l'Échiquier...*, par L. Delisle, p. 18, nº 64 : « Jud. est quod sorori Ricardi Viennet remanet terra de maritagio suo quem Ricardus Viennet ab eâ exigebat, quoniàm ipsa cum predictâ terrâ maritata fuit *consilio amicorum suorum* dum Ricardus Viennet erat infrà etatem. » Il n'y a pas ici véritablement arbitrage, mais plutôt une sorte de délibération d'un conseil de famille.

(3) Une sœur mariée ayant été évincée de sa dot, il fut convenu entre son frère qui en était garant, et son mari, de s'en rapporter à des arbitres : « ... Idem Petrus, ex unâ parte, et idem Johannes ex alterâ..., spontaneâ voluntate et de communi assensu compromiserunt ad finem super tres milites qui nominati fuerunt et super Radulfum l'Asbe, gratum et ratum habituri quicquid illi quatuor facerent de appreciatione maritagii illius, et de assi-

Enfin, une province voisine, la Bretagne, nous offre un système qui se rapproche de celui que nous cherchons : la constitution même d'un *maritagium, cum consilio propinquorum amicorum* (1).

Quoi qu'il en soit de ces précédents, voici le procédé régulier sous la coutume officielle (2). Si la dot n'est point fixée

dendo et assignando excambium maritagii illius... » *Recueil de jugements de l'Échiquier...*, par L. Delisle, n°s 169, 235, 236. — Un frère, dont la sœur a été mariée pendant qu'il était en minorité, prétend qu'elle a reçu une dot excessive : « Et quando frater pervenerit ad etatem, si maritagia fuerint disrationabilia, *vel per justiciam vel per amicos* fient rationabilia... » *Tr. anc. cout.*, ch. XIV, n° 2. Voilà bien les *amici* chargés d'arbitrer un *maritagium rationabile.*

(1) L'assise au comte Geffroi, *Étude sur les successions féodales en Bretagne*, par Marcel Planiol, dans *Nouv. Rev. hist.*, 1887, pp. 121 et 666 : « In filiabus verò, qui majorem habuerit terram habeat, et juniores maritabit de terrâ ipsâ *ad consilium domini et propinquorum generis.* » — « Si autem in terrâ majoris maritagium aliquod accidere contigerit quod juniori placeat, illud habebit, nec major alii conferre poterit, dum junior habere velit. Quod si habere noluerit et alibi invenerit, major frater ei de rebus et catallis suis dando perquirat pro posse suo *cum consilio propinquorum amicorum.* » Peut-être faudrait-il comprendre dans un sens analogue le passage suivant de l'*Ancien coutumier mis en vers* (dans le dict. de Hoüard, fin du t. IV, p. 76) :

« Puis que femme à aulcun sera
Mariée, elle ne clamera
Riens par raison de mariage,
Fors ysse de son lignage
Luy fu ordonné par amys. »

(2) Il faut reconnaître que, contrairement aux conjectures que nous avons émises, ce procédé viendrait, suivant Flaust (I, p. 241), de l'édit de François II, de 1559, d'après lequel les contestations au sujet des partages devaient être terminées par des parents. Nous observerons seulement que longtemps avant cet édit, le *Grand cout.* (ch. XXVI, édit. Gruchy, p. 82), avait précisément organisé pour les partages *entre frères* une procédure arbitrale : le puîné fait les lots, puis les plus âgés choisissent à tour de rôle ; mais les lots peuvent être mal faits : « Et pour ce, si on y appercevoit malice ou tricherie, les parties doibvent estre faictes egalement par le serment de douze hommes loyaulx et croyables. » Il était assez naturel qu'un arbitrage analogue décidât entre frère et sœur. Mais si la coutume de Normandie a recommandé les arbitrages, les Normands n'y ont pas toujours effectivement recouru. Un passage des cahiers de 1789 demande de nouveau qu'on les rende obligatoires en nos matières (Hippeau, *Les cahiers de 1789 en Normandie*, I, p. 322). L'édit de 1559 et la coutume de 1583 ont donc pu restaurer et régulariser, pour le mariage avenant, un usage qui ne s'était pas assez généralisé, ou qui tendait à disparaître des mœurs.

à l'amiable, plusieurs parents sont choisis; ils font une juste appréciation du patrimoine et déterminent le mariage avenant qui sera dû par les frères. C'est l'arbitrage obligatoire. Indiquons, au reste, sans entrer dans les détails de procédure, que la sentence était susceptible d'appel (1).

Quel est toutefois le rôle de cette assemblée? Nous supposons établie la valeur de l'hérédité, déduction faite du passif : quelle somme ou quelle portion faut-il attribuer aux filles? Il y a bien le maximum qui se retrouve toujours et qu'on ne doit jamais transgresser : pour toutes, au plus un tiers; pour chacune, au plus la même quantité qu'à un frère puîné. Le père et la mère n'auraient pu aller au delà, même par une réserve à partage. Mais, au-dessous de cette limite, la réunion de famille est-elle libre et peut-elle estimer souverainement ce qu'il convient d'accorder à la sœur? Il est possible qu'à ses débuts cette juridiction domestique ait joui d'une certaine latitude; et la coutume officielle semblait bien lui laisser une sorte de pouvoir discrétionnaire, puisqu'elle ne définissait pas le taux du mariage avenant. Mais la pratique et la jurisprudence firent mieux (2), elles décidèrent que le maximum, qui ne devait point être dépassé, devait du moins être atteint, qu'il constituait un droit assuré sur les successions d'ascendants dévolues aux fils. Et c'est pourquoi le mariage avenant,

(1) Sur la composition du tribunal arbitral, la procédure, la mise à exécution de la sentence et l'appel, Flaust, I, pp. 241, 267.

(2) Bérault (I, p. 604, sur art. 262), s'exprime ainsi : « La coutume a laissé cela à l'arbitrage et conscience des parents, au-dessous toutefois de la part qu'aurait la fille en cas qu'elle eût partage. » Un arrêt du 28 février 1761 rejette cette opinion, malgré d'autres considérations présentées au nom des frères : « Le mariage avenant des filles se règle au tiers juste du revenu, les charges déduites, et non entre le tiers et le quart, sous prétexte de faire contribuer la fille aux réparations des biens » (Roupnel sur Pesnelle I, p. 293, note, *fine*). — Basnage (I, p. 395), plaide dans une affaire sur le taux d'intérêt du mariage avenant arbitré par les parents : « Je disais que les parents étaient en quelque façon les juges souverains pour l'estimation du mariage des sœurs...; puisque la loi remet cette arbitration à leur jugement, elle laisse quelque chose à leur liberté. » Il perdit son procès. — Au reste, il dit ailleurs (I, p. 431, sur art. 262), après avoir constaté l'incertitude qui résulte du mot *mariage avenant* non défini par le texte : « Ce n'est pas être fort savant que d'être instruit que le mariage avenant consiste du tiers des successions échues en ligne directe... » De même : Hoüard, v° *Avenant (mariage)*,

dans le droit nouveau, est encore appelé la *légitime* (1) : c'est la fraction maxima que les père et mère peuvent attribuer à leurs filles mariées de leur vivant; c'est aussi la fraction qui leur est régulièrement acquise quand elles ne sont pas encore mariées à leur décès; elles peuvent refuser toute offre moindre qui leur serait faite par leurs frères. Il y a dès lors une certaine concordance entre toutes les situations. La *légitime*, ainsi comprise, est l'expression finale, la formule positive, de la charge imposée aux fils : leur obligation, jadis moins précise, consistait, sauf le cas de retard fautif, à prélever, sur les successions par eux recueillies, ce qui serait utile ou nécessaire pour marier convenablement leurs sœurs : et maintenant elle se traduit en un calcul déterminé d'une quotité de l'actif net. Le mariage avenant, c'est-à-dire cette quotité fixe, n'est plus guère autre chose que *l'équivalent d'une part héréditaire* (2) : il semble, à première vue, qu'il y a vraiment assimilation entre le mariage avenant qui constitue la règle et le droit au partage qui n'est pour les filles qu'une exception; nous venons, au reste, de supposer que le *quantum* est le même dans les deux hypothèses; mais cela ne serait pas toujours exact. Il subsiste des différences : différences de quotité à peu près explicables, différences de nature qui s'expliquent aisément par les précédents historiques.

I, p. 118; Duval-Duhazey, p. 6 à 9; Routier, p. 250, règles 1 et 2. — De plus, si l'art. 262 n'indiquait point le taux du mariage avenant, l'art. 256 fournissait un argument très fort pour combler cette lacune : Une fille a été mariée, et dotée par son père; mais la dot, encore due au décès de celui-ci, est réductible au tiers de la succession (art. 255); et l'art. 256 ajoute : « Les filles n'ayant été mariées du vivant de leurs père et mère, pourront demander part audit tiers. » Cela suppose que le tiers des successions est bien destiné aux filles.

(1) Hoüard, v° *Avenant*, initio. Anciennement, on distinguait : la légitime (= part comme héritière), et le mariage avenant (= dot, inférieure à la précédente part, que la fille recevait, sans être héritière, en se mariant). Cela était conforme au droit des frères de marier leur sœur avec une dot plus ou moins élevée. Finalement, on oppose *la légitime*, ou *mariage avenant*, à la part comme héritière, souvent égale en quotité, mais différente de nature.

(2) « Le mariage avenant est plutôt une charge foncière et une espèce de partage, qu'une dette des successions... » Pesnelle, t. I, p. 274. — Comp. avec le droit anglais, beaucoup moins favorable aux filles : Glasson, *Hist. du dr. et des instit. de l'Angleterre*, t. VI, p. 247, note.

II. — *Quotité du mariage avenant.* — La liquidation du mariage avenant était une des plus difficiles opérations de la pratique normande. Cela tenait d'abord à l'inexpérience juridique (1) des parents, auxquels cependant la coutume donnait compétence pour y procéder; mais cela tenait aussi aux caractères mêmes de l'institution, et aux distinctions inextricables qui pouvaient résulter du nombre comparé de frères et de sœurs, ou de la nature et de l'assiette des biens (2). Il y a toute une série de monographies sur la question spéciale du mariage avenant, ou sur la théorie complète des droits des filles en Normandie : et l'accord parfait n'existe ni dans leurs méthodes, ni dans leurs conclusions (3). Notre intention ne saurait être d'étudier toutes les hypothèses entre lesquelles il était nécessaire d'établir des différences; les idées générales doivent seulement être dégagées.

Le principe fondamental a été plusieurs fois énoncé au cours de cette étude. Voici comment un des derniers traités (4) le résume, d'une manière à la fois très claire et très complète :

« Le vœu de la coutume de Normandie est que toutes les sœurs ensemble aient le tiers de la succession pour leur mariage avenant et jamais davantage, soit qu'il y en ait de mariées ou non, soit que celles qui sont mariées l'aient été du vivant des père, mère..., ou seulement après leur mort, soit qu'il y ait ou non des fiefs choisis par préciput. — Il y a plus : si en leur donnant le tiers, la légitime de chaque sœur excède la part d'un des frères, il faut les réduire à l'égalité avec les frères... »

(1) Et aussi à leur inexpérience en matière d'arithmétique : Hoüard, t. I, p. 119.

(2) Pesnelle, Roupnel, t. I, p. 292, note.

(3) En dehors des traités généraux de droit normand, on peut citer notamment : Everard, Rouen, 1696, *Méthode pour liquider les mariages avenants des filles dans la coutume de Normandie;* — Duval-Duhazey, Rouen, 1773, *Méthode de liquider le mariage avenant des filles, en Normandie, par l'arithmétique;* — (anonyme), Rouen, 1779, *Traité sur les droits des filles en Normandie, avec une méthode facile et sûre pour liquider leur légitime ou mariage avenant :* cette méthode est recommandée par Hoüard, v° *Avenant;* la table de liquidation donnée dans le traité est reproduite par Hoüard, v° *Filles,* t. II, p. 566.

(4) Duval-Duhazey, *op. cit.*, p. 6.

Ce sont donc des règles analogues à celles que nous avons précédemment énoncées quand il s'est agi d'un partage proprement dit auquel viennent participer les filles réservées à succession, — règles assez simples quand il n'existe pas de biens nobles (1), beaucoup plus compliquées quand il en existe, et que les aînés, conformément à leurs prérogatives d'aînesse, les prennent par préciput (2). Mais, si, par suite, la quotité du mariage avenant est souvent égale à la fraction numérique que les sœurs obtiendraient quand elles sont héritières, elle peut cependant être moindre ou supérieure.

Elle peut être moindre. Au cas d'admission à partage, les meubles, et les immeubles sis en bourgage, se divisent par lots égaux entre frères et sœurs. Au cas de simple légitime, elles ne peuvent en réclamer toutes ensemble que le tiers, comme sur les autres biens. On ne peut donner d'autre raison de cette différence que la rédaction même de l'article ordonnant l'égalité dans les bourgs, « au cas que les filles fussent reçues à partage (3); » il était d'ailleurs logique de l'interpréter restrictivement, le droit commun de la coutume étant défavorable aux filles (4).

Elle peut être supérieure. Ceci se présentera dans une succession comprenant à la fois des biens nobles et non nobles. Pour simplifier, supposons un seul fief : l'aîné le

(1) Duval-Dubazey, *op. cit.*, p. 10 et s., réduit les différents cas à deux règles :

a) Si le nombre des frères est plus que double de celui des sœurs, on ne peut leur attribuer le tiers, car chacune aurait plus qu'un frère, et elle peut seulement avoir autant.

b) Si le nombre des frères est double ou moins que double de celui des sœurs, on peut attribuer le tiers à celles-ci. Ex. : quatre frères et deux sœurs; les deux sœurs auront chacune moitié du tiers, ou un sixième; chaque frère aura un quart des deux tiers, soit un sixième. — Mais n'y eût-il qu'un frère et deux sœurs, ou plus de deux sœurs, toutes les sœurs réunies ne pourront prétendre qu'à un tiers.

(2) Les aînés prenant comme parts leurs préciputs, c'est-à-dire les fiefs, qui peuvent former une grande partie de la succession, les sœurs pourront rarement atteindre au tiers, et leur mariage avenant se réglera sur la part des frères moins prenants, c'est-à-dire des puînés non préciputaires.

(3) Art. 270 de la cout. — Secùs, dans les usages locaux de Vire et de Bayeux, Flaust, I, p. 291.

(4) Solution consacrée par les Placités de 1666, art. 49 et 51.

prend tout entier ; c'est sa part, et toute sa part, du moins en immeubles (1). Comment sont déterminés les droits des puînés et des sœurs ? Cela dépend du titre de ces dernières.

Les sœurs sont-elles cohéritières? Les biens *partables* (non nobles) se partagent également entre elles et les puînés. Si l'on peut employer cette expression, le fief est indemne de toute contribution au partage (2) : l'unité partageable, c'est *la succession moins le fief*.

Les sœurs sont-elles légitimaires? A côté de l'aîné qui s'attribue le fief, les puînés (et non point les sœurs) sont seuls copartageants des immeubles *partables;* seulement leurs lots sont grevés du mariage avenant. Ceci reviendrait, par une autre voie juridique, au même résultat arithmétique que dans la précédente hypothèse, s'il n'y avait un contribuable de plus : le préciput de l'aîné doit cette fois participer proportionnellement au paiement de la légitime. Les puînés y gagnent, puisqu'ils ne sont plus seuls à fournir sur leur masse partageable ce qui revient aux filles ; et celles-ci y gagnent également, puisque leur légitime se fixe d'après la part des puînés, qui sera plus forte et moins diminuée que dans le premier cas. En d'autres termes, le fief n'est pas indemne de la contribution à la légitime : l'unité contribuable, c'est la *succession, y compris le fief*. « Ce qui fait connaître évidemment que la réservation à partage est quelquefois ordonnée contre l'intérêt des filles, vu qu'elles ont moins d'avantage par la qualité d'héritières, qu'elles n'en auraient par le mariage avenant : d'autant que le partage, dans le cas proposé, se fait précisément sur une partie des biens, laquelle est divisée également entre elles et leurs frères puînés ; et que le mariage avenant au contraire, est arbitré suivant l'estimation des biens de la succession, c'est-à-dire tant des fiefs pris par préciput que des autres immeubles de la succession délaissés par les aînés (3). »

(1) Art. 337, 338.

(2) Art. 361, *initio*. Il n'en serait différemment que si le fief était le seul bien héréditaire, ou si les autres biens étaient de trop minime valeur. Le fief devait alors fournir des rentes aux puînés (art. 346) et aux sœurs (art. 361 *fine*).

(3) Pesnelle sur art. 361, t. I, p. 395 ; sur art. 262, p. 290 ; Hoüard, v° *Filles*, t. II, p. 530. Les formules ne sont point identiques chez tous les auteurs :

Cette différence venait de deux textes : de l'article 361 pour la première hypothèse : « La fille réservée à partage aura sa part sur la roture et autres biens [non sur le fief]...; » et de l'article 364 pour la deuxième : « Les frères [donc les préciputaires de fiefs, comme les puînés], contribuent à la nourriture, entrètenement, et mariage de leurs sœurs, selon qu'ils prennent plus ou moins en la succession... » On peut, d'ailleurs, l'expliquer directement. En soi, la créance des sœurs non héritières a toujours été une charge de tous les fils, qui continuent, à titre d'obligation civile, les obligations naturelles de leur père vis-à-vis de ses filles : le mariage avenant qui n'est que l'expression de cette créance est donc une charge de toute la succession (1). Au contraire, quand les sœurs sont exceptionnellement cohéritières, elles ne peuvent concourir comme copartageantes que sur ce qui entre en partage; or, le fief est en dehors du partage, ce n'est pas un bien divisible, il reste tout entier à l'aîné (2).

Cf. Basnage, sur art. 262, t. 1, p. 432; Routier, p. 253, n° 12. Pour nous en tenir à notre exemple, il y avait forcément un calcul compliqué. Le mariage de chaque sœur doit être au plus égal à la part d'un puîné; or, d'un autre côté, la part réelle de chaque puîné est une fraction des biens partageables, moins sa contribution audit mariage avenant avec les autres puînés et avec l'aîné; les deux quotités, le mariage de chaque sœur, la part de chaque puîné, sont donc deux inconnues qui dépendent l'une de l'autre. Voy. les opérations mathématiques dans un exemple analogue au nôtre : Duval-Duhazey, p. 61 et s.; Flaust, t. I, p. 248.

(1) L'aîné préciputaire contribue aux dettes héréditaires à proportion de ce qu'il prend dans la succession. Basnage, I, p. 519. Car son préciput est vraiment sa part héréditaire. C'est une nouvelle différence avec le droit commun d'aînesse : Pothier (édit. Bugnet), t. VIII, p. 212.

(2) Dernière remarque sur la quotité de la légitime en général : les fils peuvent renoncer, ainsi que nous l'avons vu, à la succession du père, obérée par ses dettes, ou amoindrie par ses aliénations, pour réclamer nonobstant tout droit des tiers, le *douaire des enfants* ou *tiers coutumier* : c'est une réserve contre ses dissipations ou sa mauvaise administration (art. 399). Ils prennent pour ainsi dire leur droit héréditaire, non plus comme du jour du décès, mais comme du jour du mariage de leur auteur. Par analogie, et alors même que les fils ne renoncent pas, les filles sont aussi admises à réclamer leur mariage avenant, soit sur les biens que le père possédait en mourant (ce que nous avons supposé jusqu'à présent), soit sur les biens qu'il possédait en se mariant : mais alors leur droit n'étant qu'une sorte de *tiers coutumier*, leur légitime n'étant elle-même au maximum que d'un *tiers*,

III. — *Nature du mariage avenant.* — Si l'on prend une hypothèse simplifiée, le droit de la fille ou des filles consiste, en quantité, dans le tiers de la succession, déterminé sur la base du revenu (1) : deux fils, et une fille, le patrimoine paternel étant uniquement composé de biens roturiers, prennent, en définitive, un tiers chacun. Pourtant, on ne fera point trois lots ; on n'en fera que deux, et chaque frère prendra la moitié de la succession : voilà le partage; mais l'un et l'autre supporteront la légitime, et chacun paiera à sa sœur la moitié du tiers qui revient à celle-ci : ils acquitteront ainsi le mariage avenant.

On peut donc, si l'on veut, dire avec les commentateurs, que le mariage avenant est « une espèce de partage, » ou « l'équipollent d'une part. » Mais la comparaison est d'une exactitude très imparfaite. Le mariage avenant est essentiellement une dette des frères envers leurs sœurs; et il y avait erreur à soutenir, pour le besoin d'une argumentation, que « cette créance prétendue des sœurs est vraiment une part héréditaire, une portion de la succession du père qui est assignée aux sœurs (2). » Il est bien vrai qu'elle s'apprécie en une portion de l'hérédité, il est non moins vrai que la coutume et la jurisprudence l'affermissent au moyen de garanties qui tendent à la rapprocher d'une part véritable, et lui assignent une place originale dans le classement des obligations. Mais elle reste essentiellement une créance. Cette conception juridique d'un quasi-successeur, simple créancier d'une quote-part de la succession, n'est pas unique et isolée dans l'histoire (3). Elle est assez semblable à la théorie pure du *legatum partitionis* des Romains : seul, l'héritier continue la personne du défunt; seul, il est vis-à-vis des tiers investi des créances

elles ne peuvent avoir plus que le tiers du tiers, ou le neuvième, des biens rétroactivement considérés à cette date (Routier, p. 251, règles 2 et 3. — Cp. art. 402).

(1) Art. 52 des Placités.

(2) Flaust, I, p. 232.

(3) Comp. sur la marche historique du droit des filles dans les successions : Glasson, *Hist. du droit et des institutions de la France*, t. II, p. 70 et s. Avec la même quotité que le droit normand, une loi suédoise de 1262 appelle directement les filles au partage. Dareste, *Études d'hist. du droit*, p. 291.

ou tenu des dettes héréditaires (1); il fournit au légataire partiaire sa quote-part en nature ou en estimation (2); entre eux, il n'y a point d'action *familiæ erciscundæ* (3), mais action en délivrance du legs de quotité. Il existe une autre analogie dans le projet de Code civil de l'an VIII : l'enfant naturel n'était pas héritier, mais créancier d'une portion de la succession; et cette portion, fixée d'après l'état estimatif de l'actif et du passif, devait lui être offerte en argent ou en fonds au choix du successeur légitime (4).

Ce système qui fait du mariage avenant une créance *sui generis*, s'imposait par les origines et l'évolution de notre institution. Pour qu'il en fût différemment, il aurait fallu changer de fond en comble la législation normande et proclamer la fille héritière comme le fils : les rédacteurs de 1583 ne firent point cette innovation, et les arrêts de jurisprudence ou de règlement ne pouvaient la faire. Le principe du vieux temps n'a pas été renversé : les sœurs ne sont point copartageantes, elles ne peuvent que demander mariage. Ce principe a pu s'amender. Une dot est due, proportionnée à la fortune des parents; la proportion est fixée, soustraite à l'arbitraire; elle est entourée de garanties : et comme le principe de l'effet déclaratif a rendu les droits de chaque cohéritier indépendants des actes de ses copartageants, intermédiaires entre le décès et le partage (5), de même, mais par d'autres voies, la dot avenante est mise à

(1) De là, les *stipulationes partis et pro parte* (Gaius, II, §§ 254 et 257); *Explication des Instituts*, Ortolan-Labbé, I, p. 617.

(2) Cp. L. 26, Dig. *De Legatis*-I°.

(3) Cp. Accarias, *Précis de droit romain*, t. Ier, 4e édition, p. 1068, et t. II, 3e édition, p. 1017, note 1.

(4) Fenet, t. II, p. 133 et s. — Art. 54 : « L'enfant naturel... n'est point héritier. *La portion que la loi lui accorde sur les biens de ses père ou mère n'est qu'une créance...* » Art. 60 : « ... L'héritier légitime doit donner *un état estimatif sommaire de l'actif et du passif* de la succession, d'après lequel la portion de l'enfant est fixée, et lui offrir la valeur de cette portion *en argent ou en fonds*. L'option appartient à l'héritier légitime. » — La coutume dit à peu près de même : art. 357. « Les sœurs ne peuvent demander partage,... ains seulement mariage avenant. » Art. 262 : « mariage avenant doit être estimé, eu égard aux biens et charges des successions... » Art. 47 des Placités : « ... Ils (les frères) peuvent payer ce qui sera arbitré pour ledit mariage en héritages ou rentes de la succession. »

(5) Basnage, *Préambule du titre « de partage d'héritage, »* t. I, p. 510.

l'abri de l'insolvabilité des frères qui la doivent, et de leurs aliénations. C'est ce qui a permis de l'appeler une quasi-part, bien qu'elle soit restée fidèle à sa nature primitive. — Voyons maintenant, pratiquement, les principales conséquences qui dérivent de cette notion complexe de la légitime.

1. C'est une créance, et non une part héréditaire.

Quant à la forme, l'arbitration du mariage avenant se distingue très nettement des opérations d'un partage. C'est un arbitrage de parents qui apprécie, après s'être rendu compte des forces de la succession, le montant de la légitime. — Dans un partage, le plus jeune fait les lots; les plus âgés, à tour de rôle, les critiquent, les font redresser au besoin, et choisissent (1).

Le partage se fait en nature, les biens à partager se répartissent en lots, sauf le cas de licitation (2). — Les frères paient en argent la somme arbitrée pour le mariage avenant; c'est seulement une faculté pour eux de payer en héritages ou rentes de la succession (3). Ils ne doivent même le capital qu'au cas de mariage, et, tant que leur sœur n'est pas mariée, ils ne lui doivent que des arrérages (4).

Les héritiers peuvent poursuivre les débiteurs, être poursuivis par les créanciers héréditaires. — La fille légitimaire a sans doute des droits plus ou moins étendus suivant la balance de l'actif et du passif; mais elle ne peut ni actionner les tiers débiteurs, ni être actionnée par les tiers créanciers. Comme le légataire partiaire du droit romain, elle leur est en principe inconnue (5).

2. Mais c'est une créance entourée de garanties.

Elle est due solidairement par les frères. Cette sûreté n'allait point sans quelque difficulté. On faisait observer que s'il existe

(1) Hoüard, v° *Lots*, v° *Partages*.

(2) Hoüard, v° *Licitation*.

(3) Art. 47 des Placités. Flaust, I, p. 241. Il peut cependant naître des contestations de fait si les frères veulent se libérer en livrant des biens peu avantageux. Pesnelle, Roupnel, I, p. 390, note.

(4) Art. 268.

(5) Une fille réservée au mariage avenant qui est sa légitime [à la différence de la fille réservée à partage], ne succède point à son père... elle n'est point obligée au paiement des dettes, ni des charges de la succession (Pesnelle, sur art. 259, p. 283), et Basnage, sur art. 264.

en droit normand une solidarité entre cohéritiers, c'est seulement pour les *dettes du défunt* : sans doute quand le père a spontanément promis une dot à sa fille, en la mariant, il y a solidarité entre les fils qui succèdent à sa promesse ; mais la fille non mariée n'avait contre son père aucune action pour le contraindre à la doter ; la dette de mariage avenant naît donc directement à la charge des successibles, elle n'était pas née tout d'abord en la personne de leur auteur. Strictement donc, la règle de la solidarité des dettes héréditaires n'est pas applicable au mariage avenant. Mais la jurisprudence l'avait néanmoins appliquée, parce que, en définitive, « les sœurs sont *simples créancières sur la succession* de leurs père et mère... et qu'il ne serait pas juste d'engager une pauvre fille qui n'a qu'un mariage avenant, à entreprendre autant de procès qu'elle aurait de frères, et à les discuter les uns après les autres (1). »

Elle est privilégiée sur toutes les dettes du frère (2). Les biens de la succession n'entrent dans son patrimoine que grevés de la charge légale (3) vis-à-vis des sœurs ; ils ne peuvent donc lui profiter, à lui ou à ses ayants-cause, que sous déduction effective de la valeur légitimaire. Ainsi s'explique déjà cette formule : le mariage avenant n'est point une *part en l'héritage*, mais une *créance sur l'héritage* (4).

Pour la même raison, elle suit l'immeuble dans les mains des tiers acquéreurs. Ce n'est même pas assez de dire que la créance est munie d'un droit de suite, qu'elle est hypothécaire. L'hypothèque est un droit réel accessoire dont le but est d'assurer le paiement d'une obligation ; elle ne permet pas au créancier de s'approprier le bien affecté à sa garantie. La force de la créance de légitime est autre, et plus grande : les interprètes ne disent pas uniquement qu'elle est hypo-

(1) Basnage, sur art. 251, t. I, p. 410. — Flaust, I, p. 231, 232, admet du moins les frères à déroger, par une déclaration contraire, à la solidarité.

(2) « Le mariage de la sœur doit être payé avant les dettes du frère, et même du douaire de sa femme. » Basnage, sur art. 249, p. 395.

(3) Par un motif semblable, tous les créanciers du *de cujus*, comme on l'a vu antérieurement, acquièrent hypothèque du jour de son décès. Art. 136 des Placités.

(4) Hoüard, *Dict.*, v° *Filles*, p. 502.

thécaire, ils l'appellent *créance réelle*, *créance foncière* (1), sur l'immeuble, et l'expression va se justifier.

La sanction commune de toute dette non payée, c'est la saisie des biens du débiteur. La sœur n'est point astreinte à suivre cette voie. Elle peut, soit contre ses frères, soit contre leurs acquéreurs, demander que les immeubles mêmes de la succession lui « soient baillés a due estimation... pour le paiement de son mariage. » De même que le Règlement de 1666 permet à la veuve ou à ses héritiers de se payer directement des reprises dotales sur les biens du mari, de même il permet à la fille de se payer directement de son mariage avenant sur les biens paternels ou maternels échus aux frères : il y a même cette différence entre les deux espèces, que la veuve rentrerait dans le droit commun des créanciers hypothécaires si les biens du mari étaient aux mains de tiers acheteurs, tandis que la fille conserve son droit spécial « encore que les héritages aient été aliénés (2). » Nous avons donc ici quelque chose qui diffère de la pure hypothèque, un droit plus puis-

(1) « On appelle, en Normandie, mariage advenant, une créance foncière, à laquelle cette province réduit les filles, après la mort de leurs père et mère, pour leur tenir lieu de part sur leurs successions, lorsqu'elles ont des frères. » *Traité sur les droits des filles en Normandie* (anonyme, 1779), p. 1. — Hoüard, v° *Filles*, I, 502. — « Cette dot, que la coutume désignait sous le nom de mariage avenant, formait, en sa faveur, une créance réelle affectée sur la fortune du père : elle remplaçait la part héréditaire dont la fille était dépouillée à raison de son sexe. » Cauvet, dans *Rev. de législ.*, t. XXXII, p. 87.

(2) Placités, art. 121 : « La femme ou ses héritiers peuvent demander que partie des héritages affectés à son dot, non aliénés, leur soient baillés à due estimation, pour le paiement dudit dot, sans qu'ils soient obligés de les faire saisir et adjuger par décret; si mieux n'aiment les héritiers ou créanciers du mari lui payer le prix dudit dot. » On peut rapprocher ce mode de paiement de l'art. 1470 du C. civ., pour les reprises à exercer sur la communauté. Le rapprochement eût été surtout plus complet dans l'opinion maintenant rejetée qui permettait à la femme de se payer ainsi de ses reprises par préférence aux créanciers de la communauté : cp. Aubry et Rau, t. V, p. 363, note 28. — Art. 122 : « La fille pour le paiement de son mariage, et ses héritiers, ont le même droit sur les héritages de la succession de ses père, mère, ou autre ascendant, encore que lesdits héritages aient été aliénés. » C'est bien une exception aux règles générales de l'hypothèque; car, art. 120 : « Le tiers acquéreur ne peut être obligé de déguerpir ni de laisser son héritage aux créanciers hypothécaires, et ne peut être dépossédé que par la saisie réelle. » Cp. Pesnelle, Roupnel, I, p. 391, note 2.

sant sur l'immeuble, une action d'*envoi en possession*. On accorde une action semblable à l'héritier qui se retourne en garantie contre son cohéritier (1) : nouveau motif de rapprochement entre le partage et le mariage avenant.

En résumé, si, régulièrement, la légitime se solde en argent, elle aboutit facilement à une attribution en nature : lorsque, d'abord, les fils préfèrent s'acquitter ainsi ; et de plus, quand la sœur, forcée de recourir aux moyens de contrainte, aime mieux, au lieu de faire décréter les biens, reprendre, à dûe concurrence, les immeubles qui viennent de sa famille. Un intérêt d'affection peut la guider dans son choix ; elle y trouve en tout cas une cause de sécurité (2).

Ce n'est point tout, et il faut combiner ceci avec la double destination de la légitime ; son but est de procurer à la fille un établissement par mariage, ou un revenu suffisant, si elle ne se marie point. Jusqu'à vingt-cinq ans, la sœur ne peut réclamer que son entretien, et en principe dans la maison de son frère (3) ; après vingt-cinq ans, elle a sa pleine liberté, elle peut, afin de vivre chez elle, faire liquider sa légitime, pour en jouir, en arrérages ou usufruit, jusqu'à son mariage qui lui

(1) Flaust, t. II, p. 91 et s. (*De l'action hypothécaire privilégiée*, § 1). Adde : *Traité sur les droits des filles* (anonyme), p. 12.

(2) La nature du mariage avenant est bien résumée dans un arrêt de 1816 : « Attendu que les droits et qualités des personnes appelées à une succession, sont invariablement fixés par les lois existantes lors de son ouverture, — qu'en Normandie, les filles non réservées à partage n'étaient point héritières dans la succession de leurs père et mère, mais simples créancières légitimaires (art. 249) ; — que c'est en cette dernière qualité seule qu'elles avaient une action en arbitration de leur légitime ou mariage avenant contre leurs frères ; que la faveur de cette créance y avait fait attacher des attributs privilégiés, tels que celui de l'envoi en possession des héritages de la succession, jusqu'à due concurrence, à défaut de paiement de la rente légitimaire (Placités, 122) ; que ce privilège était de la même espèce que celui accordé à la femme sur les biens de son mari pour la reprise de sa dot (Placités, 121) ; mais que ce n'était qu'un mode de se remplir de ces sortes de créances qui ne porte aucune atteinte à la qualité de la personne, ni à l'origine de son droit... ; » conséquence : le privilège de la créance légitimaire s'est trouvé soumis à la nécessité d'une inscription, pour être valablement conservé, par application de la loi du 11 brumaire an VII. — Rouen, 13 novembre 1816, Sirey, 1817, II, 92. Pannier, *Les ruines de la coutume de Normandie*, p. 63.

(3) Flaust, I, p. 237.

donnera droit au capital ou à la propriété (1). Mais elle n'est qu'usufruitière, elle ne peut ni hypothéquer, ni aliéner, soit directement, soit indirectement : autrement elle serait exposée à dissiper ce qui lui revient ; il n'y aurait plus ni revenus pour le célibat, ni dot pour le mariage. On en tirait cette conséquence, que si le fils aliène les immeubles de sa succession, ces immeubles restent exposés à l'action des sœurs ; et l'acquéreur prend une vaine précaution en les faisant intervenir au contrat, et en leur versant sur le prix le montant de leur légitime ; elles n'en auront pas moins, le cas échéant, le droit de réclamer, même contre lui, leur droit légitimaire (2). Comme la femme mariée est protégée par le régime dotal, de même avant le mariage il y a déjà une dot qui ne peut être compromise ni par les aliénations du frère qui la doit, ni par celles de la sœur qui n'en peut toucher que les revenus. Godefroy (3) critique la coutume : « Tout ce que je trouve de plus dur, c'est que les filles non mariées, n'ont rien en propre... et conséquemment sont interdites d'en vendre la propriété : car c'est une peine imposée au célibat, que la religion chrétienne préfère au mariage, et semble qu'en cela notre coutume ait voulu renouveler la loi Papie (*Papia Poppæa*)... » Aussi, essaya-t-on de lutter contre la disposition légale : une personne âgée « n'ayant plus d'espérances ni de pensées pour le mariage, » prétendait qu'il n'y avait plus de prétexte pour la réduire à un simple usufruit et lui refuser la propriété. Mais la prétention fut écartée (4).

(1) Art. 268. De même, si elle veut entrer en religion ; il existait toutefois des difficultés : car les Ordonnances défendaient aux monastères d'exiger une dot en vue de la réception à la prise d'habit ou de la profession. Bérault, sur art. 268. Basnage, sur art. 268, I, p. 438.

(2) Basnage dit avoir vu souvent des difficultés sur ce point (sur art. 268). Cp. Pesnelle, I, p. 295. Mais, si la fille avait été admise ou réservée à *partage*, une fois investie de sa part, elle en est propriétaire, et peut en disposer. Les mêmes, h. l.

(3) Godefroy sur Bérault, I, p. 613.

(4) Le défenseur des frères répondait « que cette prétention était contraire à cet article (268) ; qu'il était ridicule de demander cette propriété sous prétexte de ses années, et il dit agréablement que, si cela était, on ne devait plus l'appeler mariage avenant, mais mariage passé. » Basnage, I, p. 438, 439.

Il résulte encore de ceci que les frères, qui ne sont point tenus, avant le mariage de leur sœur, de lui payer le capital de la légitime (mais seulement les intérêts), commettraient une imprudence en le payant volontairement : car, les deniers dépensés, elle retomberait à leur charge (1).

B. *Successions collatérales.*

La dot légitime doit être estimée sur les successions « en ligne directe tant seulement, et non sur les successions échues d'ailleurs aux frères » (art. 262); une jurisprudence constante en détermine la quotité; une assemblée de famille a mission de la liquider. Nous savons toutefois qu'en présence d'un mariage accompli, avec une moindre dot consentie et reçue de gré à gré, il n'y a plus lieu de procéder à cette liquidation; le vœu de la coutume est rempli, la fille est mariée, et ses frères peuvent bénéficier, même sur la succession directe, de la différence entre le mariage avenant conventionnel, et le mariage avenant légal que la sœur aurait pu tout d'abord faire arbitrer strictement.

Ne serait-il pas juste et logique, à l'inverse, quand les successions directes sont insuffisantes ou nulles, d'étendre sur les successions collatérales la créance de mariage avenant? Si le frère hérite de ses ascendants, c'est à charge de marier sa sœur au moyen des patrimoines qu'il recueille; de même, on aurait dit, continuant ce parallèle : puisque le frère exclut encore sa sœur des successions collatérales, c'est également à charge de la marier au moyen des biens qui lui sont ainsi dévolus. Mais les textes résistent à cette généralisation, et avec eux les précédents historiques. L'union honorable, et sans déparage, à laquelle peut et doit aspirer la fille, dépend de la fortune et de la position sociale des seuls ascendants; aussi « L'en doibt sçavoir que les sœurs n'ont mariage, fors seulement de la terre qui vient aux frères de père ou de mère, d'ael ou d'aelle, ou d'autres ancesseurs en droite ligne. Des fiefs qui descendent d'autre part, elles n'auront point de mariage : si comme des eschéances des oncles ou des cousins (2). »

(1) Cauvet, *Rev. de législ.*, t. XXXII, p. 91.

(2) *Grand coutumier*, ch. XXVI, édit. Gruchy, p. 84.

Ce n'est pas qu'une telle sévérité laisse insensibles nos interprètes. Ils citent le droit romain (1) pour recommander au frère riche de doter une sœur pauvre; ils invoquent un auteur qui considère, en droit canonique, le frère comme tenu de doter sa sœur « même du revenu de son bénéfice, étant plus obligé de subvenir à ses parents indigents qu'à des extranes. » Mais ils ne donnent ainsi qu'un précepte moral, et non une règle légale (2).

Toutefois, dans un cas particulier, la coutume renferme à cet égard un article important, dont la disposition finale était de droit nouveau : « Les neveux, arrière-neveux, et autres étant en semblable degré, succèdent à leurs oncles et tantes par tête et non par souches, tellement que l'un ne prend non plus que l'autre, sans que les descendants des aînés puissent avoir droit de préciput à la représentation de leurs pères; ★ et font les sœurs part au profit de leurs frère ou frères, soient mariées ou non, à la charge de les marier, si elles ne le sont★.» (art. 320). L'article est écrit pour les successions en meubles et acquêts seulement, et non en biens propres; il implique en outre qu'il s'agit au moins de l'hérédité d'un oncle, ou d'une hérédité plus éloignée : ainsi le frère écarterait purement et simplement sa sœur, sans aucune atténuation, de la succes-

(1) L. 12, § 3 *fine*, Dig., XXVI-VII.

(2) « Nonobstant la rigueur de la loi, j'approuve le conseil de ceux qui donnent advis que si les successions des père et mère sont si faibles et onéreuses qu'elles ne puissent fournir la dot de la sœur, et que le frère soit riche d'ailleurs, il la doit doter, et spécialement s'il est ecclésiastique, pour prévenir que par faute de dot la fille ne soit induite à commettre quelque acte indigne de l'honneur de la famille. Mais par la rigueur de notre coutume, le frère ne peut être forcé outre sa volonté, sinon aux dépens des biens paternels et maternels. » Godefroy, sur Bérault, I, p. 665. — « Un abus criant que le haut clergé fait de son crédit et de son autorité, c'est la suppression des monastères; les familles nombreuses du Tiers État trouvaient, ainsi que celles de la noblesse du second ordre, dans les monastères de saint Benoît de l'ancienne observance, et dans beaucoup d'autres, des places honnêtes pour leurs enfants, qui voulaient se consacrer dans une vie contemplative au service du Seigneur; ils y trouvaient une très honnête subsistance; la famille se ressentait souvent de l'aisance du religieux, il fournissait à l'éducation des jeunes frères, *à la dot des sœurs*, poussait, soutenait les aînés dans un état auquel ils n'auraient pas pu atteindre... » Cahier du Tiers État du bailliage de Saint-Sauveur-le-Vicomte en 1789 (dans Hippeau, t. II, p. 41).

sion aux acquêts d'un frère commun (1). — Soit donc un *de cujus* laissant des neveux et nièces, issus de deux frères (2) : un seul neveu, *Primus*, né de l'un d'eux, un neveu, *Secundus*, et deux nièces, nés de l'autre (3). Nous avons deux branches, mais le partage se fait par têtes ; et dans ce partage les nièces sont exclues (4). Appliquant les prescriptions de l'article 320, nous ferons quatre parts : un quart pour *Primus*, et trois pour *Secundus* et ses sœurs ; ou plutôt trois pour *Secundus* (1 de son chef, et 2 du chef de ses sœurs qui font part à son profit, et lui servent à accroître son lot au détriment du cousin). Mais *Secundus* n'accapare à son avantage effectif les fractions fictivement calculées pour ses sœurs qu'à *charge de les marier si elles ne le sont*. En quoi consiste cette obligation ? La question n'était pas encore résolue en l'année 1766 où elle fit l'objet d'une discussion en conférence des avocats du Parlement (5). Toute l'échelle des solutions possibles fut parcourue par les auteurs (6), — depuis celle assez plausible, avec les vues do-

(1) A l'inverse, la sœur succéderait aux acquêts de son frère, en concours avec ses neveux issus d'un autre frère prédécédé (art. 306).

(2) S'ils étaient issus les uns d'un frère, les autres d'une sœur, « les descendants des frères excluent les descendants des sœurs, étant en pareil degré » (art. 309).

(3) Exemple emprunté à Flaust, I, p. 164.

(4) Voy. Hoüard, v° *Filles*, t. II, p. 554-2°. Plus exactement peut-être qu'il ne le dit, il n'y a qu'à appliquer ce principe général que les mâles excluent toujours les femmes à égalité de degré. V. Cauvet, dans *Rev. de législ.*, t. XXXII, p. 117.

(5) Hoüard, v° *Filles*, t. II, p. 562.

(6) Voici les principales, en gradation ascendante : 1° « Lorsque les filles ne peuvent être mariées convenablement sans être dotées sur la succession collatérale au cas de l'article 320, les frères sont obligés de leur donner *quelque chose*, mais la coutume n'a point fixé... Pourvu qu'ils puissent les marier convenablement, cela leur doit suffire » (Duval-Duhazey, p. 2). — 2° Dans notre espèce, la succession étant de 20,000 l., Secundus prend les trois quarts, soit 15,000 ; s'il n'avait pas eu de sœurs faisant part à son profit, il aurait eu moitié, soit 10,000. Il gagne donc 5,000 à cause de ses sœurs ; on leur attribuera le *tiers* de cette somme (Roupnel, Pesnelle, I, p. 343). — 3° Les sœurs auront *toute la différence* entre ce que le frère aurait eu sans elles, et ce qu'il a à cause d'elles, soit ici 5,000 (Flaust, I, p. 164). — 4° Elles auront toute la part attribuée de leur chef à leur frère. Ici le frère recueillera un quart, ou 5,000, de son chef, et deux quarts, ou 10,000, du chef de ses sœurs : c'est donc 10,000 qu'il faut leur remettre. Si telle est la portée de

minantes de la coutume, qui ne permettait aux sœurs d'exiger aucune portion précise, pourvu qu'on pût les marier sans les déparager, — jusqu'à celle beaucoup plus nette qui leur conférait une légitime sur la totalité de la part échue en leur nom : un arrêt de 1769, qui consacrait ce système (1), après beaucoup d'incertitudes, aboutissait à faire reprendre d'une main, dans le lot du frère, ce qu'on y avait placé de l'autre : sa sœur faisait part à son profit ; mais il devait reverser le profit à sa sœur non mariée. La coutume de 1583 avait introduit un amendement, la jurisprudence l'élargissait, et, dans cette sorte de successions collatérales, encore plus que dans les successions directes, la légitime devenait, par des procédés détournés, l'équivalent pécuniaire d'un véritable droit au partage.

*
* *

Il est notable que le droit normand, qui place la femme dans une étroite dépendance, cherche en même temps à l'entourer d'une énergique protection.

« Dès ce que la femme est en la pooste de son mary, il peut faire à sa volonté de elle, de ses choses, et de son héritaige. » A la lettre, un tel adage signifierait que le mari, tuteur et maître (2), aliène valablement les biens de l'épouse. Ce serait tout le contraire d'un régime dotal. Dans le raisonnement du Grand coutumier (3), le commentaire est autre ; il aboutit, avec une telle prémisse, à une conséquence inattendue : le mari seul a une volonté, la femme ne peut en avoir, elle obéit ; si donc, avec ou sans son concours, le mari vend son immeuble, elle ne peut, tant qu'il vivra, critiquer ni révoquer la vente, car elle manquerait ainsi à son devoir de soumission ; mais elle le peut, au contraire, après son décès ; l'a-

l'arrêt de 1769, cité plus loin, la présence des sœurs non mariées, non seulement ne sert pas, mais nuit au frère, qui aurait eu et conservé sans elles moitié, ou 10,000. Et cependant la coutume dit qu'*elles font part à son profit*. Comparez toute la discussion dans Hoüard, v° *Filles*, p. 550 à 562.

(1) Hoüard, h. l.; mais cp. les variations de la jurisprudence : *Traité* (anonyme) *sur les droits des filles*, p. 135 et s.

(2) « Vogt und Meister. » Cp. Laboulaye, *Rech. sur la cond. civ. et pol. des femmes*, p. 138.

(3) Chap. c du texte français, ci du texte latin (édit. Gruchy, p. 241).

liénation ne lui est point opposable ; elle n'y a point consenti, même en y participant, car elle ne pouvait refuser son obéissance (1). Elle recouvrera donc sa dot au préjudice du tiers acquéreur, du moins si la fortune du mari ne peut fournir un remploi suffisant « En quoy faisant, dit Basnage (2), paraît la sagesse de notre coutume qui n'a jamais permis que le mari pût rendre sa femme malheureuse en dissipant son bien, ou en se l'appropriant par la vente qu'il en ferait, sans lui en faire aucune récompense. » Cette maxime, que : « Le bien de femme ne doit jamais se perdre » est assurément conforme aux idées d'économie et de conservation des fortunes, qui se retrouvent en mainte circonstance dans les institutions et persistent encore dans les mœurs du pays ; mais elle est plus encore la contre-partie de l'autorité maritale (3). Cette autorité se trouve en réalité supprimée dans les effets qu'elle aurait pu logiquement produire, après la mort du mari, au détriment de la fortune personnelle de l'épouse (4).

(1) Dans le droit anglais du temps de Glanville, la femme s'exposait à perdre son douaire, quand elle résistait au mari qui aliénait les biens sur lesquels il portait (Glanville, *Tractatus de legibus et consuetudinibus regni Angliæ*, lib. VI, cap. III). Cp. Glasson, *Hist. du dr... de l'Angleterre*, t. II, p. 295.

(2) Basnage, t. II, p. 401, sur art. 539.

(3) Dans les pays de communauté, c'est-à-dire dans le droit commun coutumier, les propres de la femme peuvent être valablement vendus avec le consentement des deux époux : « Le mari est maître de la communauté, possession et jouissance des propres de la femme..... Mais quant à ce qui concerne la propriété des propres d'elle, il faut que tous deux y parlent selon la coutume de France » (Loysel, liv. I, tit. II, règles 16, 17). Les deux volontés sont distinctes, l'épouse a le droit d'avoir la sienne propre ; et leur concours suffit pleinement. Mais aussi, pendant longtemps, les propres aliénés ne donnent point lieu à récompense, si elle n'est stipulée (la clause devint de style ; elle est enfin généralisée : art. 232 de la deuxième cout. de Paris) ; dès lors, le mari peut obtenir de sa femme l'aliénation d'un de ses propres, enrichissant de la sorte, sur le patrimoine de celle-ci, et la communauté et par suite lui-même : « il ne peut se lever assez matin pour vendre le bien de sa femme. » Plus soumise, la femme normande est aussi plus protégée contre l'influence du mari.

(4) Le *Tr. anc. cout.* le disait très nettement : « Si verò sponsus vidue maritagium vel dotem invadiaverit uxoris sue, ipsa vivente [volente] vel forjurante, *præcepto mariti sui non tenebitur* : sed mulier illa habebit et integra, sicut ei data fuerunt antè ostium ecclesie » (ch. IV, n° 1, édit. Tardif, p. 3. — Pour le régime dotal dans la coutume de 1583, voy. *suprà : 1re Partie*, § 1. *Dot. A. Garantie*, n° 2 et la note.

De même (1) « se les frères peuvent marier (leurs sœurs) de meuble sans terre ou avec terre, ou de terre sans meubles, à hommes ydoines sans les desparager, ce leur doit suffire »..... « Et se elle ne veult tel mariage, soit laissée sans conseil, et sans aide tant de terre que de meuble. » Mais, à côté d'affirmations aussi positives de l'autorité fraternelle, apparaît d'abord une sanction contre les mauvais vouloirs : « se ils ne les veulent marier, elles auront le tiers de l'héritage eu lieu de mariage. » Ce tiers est devenu le droit commun de la dot qu'elles pourront dans tous les cas réclamer, c'est le mariage avenant à liquider par un conseil de parents; et cette créance d'une dot ainsi précisée a été munie des plus fortes garanties. Mais tandis que le régime dotal s'était franchement imposé, le système successoral s'arrêtait à mi-chemin : n'eût-il pas été plus simple, en effet, d'attribuer à la fille la qualité d'héritière pour un tiers? Pourquoi même lui refuser une quote-part égale à celle du fils sur la succession paternelle, du moins sur la succession roturière? Tel eût été, comme disent nos commentateurs, le sentiment de « la raison naturelle. »

Mais la Normandie, si elle a poussé plus loin que les autres provinces coutumières la protection de la femme, a, d'autre part, dépassé leur commune mesure dans la protection de la famille, — c'est-à-dire des fils qui continuent son éclat ou ses travaux, et perpétuent son nom, signe visible de la durée dans la suite des générations. C'est « la raison politique. » Cette idée domine tout; elle étreint en quelque sorte et comprime tous les autres principes : elle amoindrit le droit de propriété (le tiers coutumier, les promesses de garder succession, et d'autres restrictions, empêchent le père d'aliéner); — elle interdit l'égalité entre enfants (bien que la coutume, au fond égalitaire (2), défende d'avantager l'un d'eux en dehors des privilèges légaux). On cherchera donc bien à protéger la fille dans le peu qu'on lui donne; mais on lui donnera peu.

***

La théorie du mariage avenant était une médiocre théorie juridique; elle supposait des calculs embarrassants, elle était

(1) *Grand coutumier,* ch. XXVI (édit. Gruchy, p. 84-86).
(2) Voy. *suprà :* 1re *Partie,* au sujet des *Promesses de garder succession.*

composée de pièces disparates. Le plus ancien droit normand, qui tendait à écarter la fille encore plus qu'on ne l'a fait dans la suite, ne voulait point qu'elle fût cohéritière, ou copartageante, mais créancière. Cette règle s'est conservée; elle a surchargé la liquidation des successions, multiplié les opérations nécessaires : partage entre fils, arbitration de la légitime pour la fille; et les privilèges accordés à une créancière aussi digne de faveur ont surtout abouti à augmenter les complications. Le système fonctionnait mal. Basnage, — qui ne l'aime guère, — le dit assez nettement : « l'expérience apprend tous les jours que l'arbitration du mariage avenant est si difficile et si fortement traversée par les frères, que leurs pauvres sœurs ne pouvant fournir à la dépense, sont forcées d'en abandonner la demande, et de vieillir sous la servitude d'une belle-sœur (1). »

Des préoccupations plus graves, le besoin de réformes plus impérieuses, durent absorber les rédacteurs des cahiers de 1789. On n'y trouve point de renseignements précis sur les questions de succession (2).

(1) T. I, p. 394. — Le père, avant de mourir, peut prendre « un tempérament pour le bien de la paix; » il peut réserver purement et simplement sa fille au partage de sa succession; il peut aussi arbitrer d'avance le montant de sa légitime, et en cas de refus des frères de s'y conformer, l'admettre à partage. Roupnel, Pesnelle, t. I, p. 285, note.

(2) Nous avons parcouru le recueil de M. Hippeau, intitulé : *Les cahiers de 1789 en Normandie* (Paris, 2 vol., 1869). Le passage le plus positif est le suivant : « Demandent les paroissiens et habitants de Saint-Germain de la Campagne... 13° l'égalité aux filles et aux garçons dans les successions, sans préciput » (t. II, p. 100). En revanche, le Tiers État de Rouen se bornait à demander que les difficultés sur le partage des successions, et sur la *liquidation des légitimes des sœurs*, fussent toujours soumises à un arbitrage de parents (t. I, p. 322). Un grand nombre de cahiers sollicitent la révision des lois civiles et de procédure civile; plusieurs voudraient une loi unique pour toute la France (t. II, p. 517); d'autres, plus réservés, n'abandonnent point sans précautions les anciens usages : « La paroisse de Cherbourg demande qu'aux États Généraux on ne puisse anéantir ni altérer la charte normande, ni les us et coutumes de cette province, sans le consentement des députés de Normandie (t. II, p. 402).

BAR-LE-DUC, IMPRIMERIE CONTANT-LAGUERRE.

www.ingramcontent.com/pod-product-compliance
Ingram Content Group UK Ltd.
Pitfield, Milton Keynes, MK11 3LW, UK
UKHW021109200726
13857UKWH00003B/1145